ソフトテニス指導マニュアル

財団法人 日本ソフトテニス連盟 編

[ジュニア編]

大修館書店

◎まえがき

財団法人 日本ソフトテニス連盟／専務理事　笠井　達夫

　日本で生まれ、多くの年齢層に愛好されてきたソフトテニスもすでに120年の歴史をもつ。「軟庭」「軟式テニス」と呼ばれ親しまれてきた軟式庭球は、さらにオリンピックでの正式種目への夢をかなえるため、国際化をめざし、1992年からソフトテニスという名称となった。数百万人と推定される愛好者がおり、会員登録者は50万人にのぼる。世界に目をむければ40数ヵ国の民族がソフトテニスに魅了され、世界選手権には30ヵ国を越える参加国を数えるまでに至っている。

　普及と強化は切っても切れない関係にあり、日本ソフトテニス連盟では指導委員会や強化委員会で、指導者を養成し、選手を発掘、育成、強化していくための方策が長年検討されてきた。特に2005年をめどに競技力向上のために必要不可欠な「一貫指導システム」の構築が叫ばれ、スポーツ振興基本計画のなかの施策として「競技者育成プログラム」の作成を余儀なくされた。

　指導委員会では、日本体育協会の公認スポーツ指導者制度を活用した指導者養成に力を入れており、そのために必要な教材づくりが手がけられてきた。ルールの改訂にともなって2004年7月には『新版ソフトテニス指導教本』『新版ソフトテニスコーチ教本』が発行された。これらは公認指導者専門科目講習会で用いるテキストとして、指導者の指針となっている。また2005年8月には『世界に翔ばたけトッププレーヤーへの道』というDVDが作成された。

　そして、この度、斉藤孝弘氏が指導委員長をされていた頃からの念願であった「ジュニアのための指導マニュアル」が完成することになった。現場に役立つマニュアルを作成する作業は続けられていたが、度重なるルール改訂によって刊行が遅くなってしまった。本書は先人からの良き教えや伝統は引き継がれ、また逆に固定観念を崩す方向での意識改革も必要であることが強調されている。まだまだ改良の余地があろうが、競技者育成プログラムを推進していくにあたって大いに活用していただきたい。指導委員長を中心とした4名には長期間の努力に対して敬意を表するとともに感謝を申し上げたい。

　また本書の出版には大修館書店編集部の平井啓允氏、三浦京子氏のご指導・ご尽力によるところがきわめて大きい。この場を借りて感謝する次第である。

CONTENTS

第1章　競技者育成プログラムから見たジュニア指導のあり方 ── 7
- 1. 競技者育成プログラムにおける基本理念 ── 8
- 2. 競技者育成プログラムにおける指導理念 ── 9
- 3. 競技者育成プログラムにおける指導者像 ── 10
- 4. 競技者育成プログラムにおける指導者の育成方法 ── 11

第2章　ソフトテニスの技術 ── 13
- 1. ソフトテニスの基礎知識 ── 14
  1. ソフトテニスのゲームの特徴 ── 14
  2. ソフトテニスのグリップ ── 14
  3. 打球技術の構成要素 ── 18
  4. スタンス ── 20
- 2. グラウンドストローク ── 21
  1. グラウンドストロークの基礎知識 ── 21
  2. グラウンドストロークの基本－フォアハンド－ ── 22
  3. グラウンドストロークの基本－バックハンド－ ── 28
  4. グラウンドストロークの応用 ── 32
  5. グラウンドストロークのQ&A ── 36
  6. グラウンドストロークの練習法 ── 45
- 3. サービス ── 48
  1. サービスの基礎知識 ── 48
  2. ファーストサービス ── 50
  3. セカンドサービス ── 56
  4. サービスのQ&A ── 58
  5. サービスの練習法 ── 64
- 4. レシーブ ── 66
  1. 後衛のレシーブの考え方 ── 66
  2. 前衛のレシーブの考え方 ── 68
- 5. ボレー ── 72

1．ボレーの基礎知識 ———————— 72
　　　2．ボレーの基本 ———————— 72
　　　3．フォアハンドボレーの応用 ———————— 76
　　　4．バックハンドボレーの応用 ———————— 80
　　　5．その他の各種ボレー ———————— 83
　　　6．ボレーのQ&A ———————— 89
　　　7．ボレーの練習法 ———————— 96
● 6．スマッシュ ———————— 98
　　　1．スマッシュの基礎知識 ———————— 98
　　　2．スマッシュの基本 ———————— 99
　　　3．スマッシュの応用 ———————— 103
　　　4．スマッシュのQ&A ———————— 106
　　　5．スマッシュの練習法 ———————— 110

第3章　ソフトテニスのゲーム技術の指導 ———————— 113

● 1．ゲーム技術指導の基本的な考え方 ———————— 114
● 2．ゲームの指導 ———————— 116
● 3．ゲーム展開のパターンのつくり方 ———————— 119
　　　1．サービス・レシーブからの攻撃 ———————— 119
　　　2．各コースでの基本的な戦い方 ———————— 121
　　　3．陣型別攻略法 ———————— 122
● 4．試合に臨む際の心構え ———————— 124

第4章　ソフトテニスのトレーニング ———————— 127

● 1．ソフトテニスに必要な要素とは ———————— 128
● 2．ジュニア期におけるトレーニングの考え方 ———————— 129
● 3．トレーニングの原理・原則 ———————— 131
● 4．発育発達に応じたトレーニング ———————— 133

◎目　次

　　　1．コーディネーショントレーニング ─────── 134
　　　2．フットワークトレーニング ───────── 136
　　　3．スタミナトレーニング ──────────── 136
　　　4．サーキットトレーニング ─────────── 138
　　　5．パワートレーニング ─────────── 139
　●5．ジュニア期のメンタルトレーニング ──────────── 140

第5章　ソフトテニスのスポーツ科学 ─────────── 143

　●1．ソフトテニスの生理学 ───────────── 144
　　　1．姿勢制御（姿勢と反射） ─────────── 144
　　　2．呼吸調節 ────────── 145
　　　3．心拍反応 ─────────── 146
　●2．ソフトテニスのバイオメカニクス ──────────── 147
　　　1．ボールとラケット面との関係 ────────── 147
　　　2．ムチの原理 ─────────── 147
　　　3．双対動作 ─────────── 148
　●3．ソフトテニスの心理学 ───────────── 149
　　　1．スポーツビジョン ─────────── 149
　　　2．心理学における原理・原則 ─────────── 150
　　　3．動機づけの方法 ─────────── 152
　●4．ソフトテニスの医学 ─────────── 155
　　　1．救急処置の方法 ─────────── 155
　　　2．テーピングの方法 ─────────── 155
　●5．ソフトテニスの栄養学 ─────────────── 158

付　録

　1．競技者育成プログラム ──────────── 161
　2．発達段階に応じた指導育成プログラム ─────────── 164

SOFT TENNIS

CHAPTER **1**

第1章
競技者育成プログラムから見た
ジュニア指導のあり方

Chapter1：競技者育成プログラムから見たジュニア指導のあり方

　文部科学省が定めるスポーツ振興基本計画の中で、競技力の総合的な向上方策で必要不可欠な施策として「一貫指導システム」の構築が筆頭に挙げられている。2005年をめどに、各競技団体がトップレベルの競技者を育成するための指導理念や指導内容を示した「競技者育成プログラム」（161ページ付録1参照）を作成し、これに基づき指導を行う体制を整備することになった。日本ソフトテニス連盟でも平成18（2006）年度からスタートするために、競技者育成プログラム推進委員会が立ち上げられた。

1. 競技者育成プログラムにおける基本理念

　国際競技力の向上ならびに開発をめざして、競技者の発掘・育成・強化の全体を通じた共通の理念と指導カリキュラムに基づいて、それぞれの時期に応じた最適な指導を一貫して行うこと、またソフトテニスという競技をより魅力的なスポーツに育て、競技を通じて青少年の健全な育成に寄与することが基本理念である。この理念を実現するための方策として以下の3つが掲げられている。

　①各年齢層のカテゴリーからなるアンダー制を導入し、U-14、U-17、U-20などの育成
　②各カテゴリーにおける日本代表の強化
　③これらの活動を支える指導者やオフィサー・スタッフの積極的・組織的な養成

　ここでいう一貫指導とは、国際的な競技者育成の動向を踏まえ、トップレベルの競技者を育成するための指導理念、指導内容、指導方法を競技者の発達段階や競技レベルに応じて明確に示し、優れた素質を有する競技者にこの指導理念に基づいて高度な指導を長期的な視点で継続的に行うシステムのことをいう。特に、競技者の育成にとって重要なジュニア期、ユース期の各学校段階での異なる指導者の下に

おいても、一貫した指導理念に基づいて、個人の特性や発達段階に応じた最適な指導を受けることを通じて、トップレベルの競技者に育成されるようなシステムを構築することをめざすものである。

2. 競技者育成プログラムにおける指導理念

　わが国の競技者の育成は、ジュニア期においては学校の教師や地域クラブの指導者などが、トップレベルをめざしている競技者は大学や企業などの指導者が、それぞれの考え方に基づいて独自のやり方で指導にあたっている。そしてその中で、国内の競技大会で好成績を収めた者を国際競技大会への出場に向けて強化するという方法が主体となっている。学校の部活動を中心に発展してきているソフトテニス界においては、なおさらその傾向が強いといえる。この方法では、競技者の育成上、最も重要な時期であるジュニア期の指導が中学、高校、大学へと各学校段階を通じて指導者が変わることによって継続的に実施されていくことは困難である。

　そこで、日本ソフトテニス連盟として現在の競技者の育成方法を見直し、「競技者育成プログラム」を策定することによって、優れた素質を有する競技者が指導者や活動拠点にこだわらず、一貫した指導理念に基づく競技者個人の特性や発達段階、技能レベルに応じた最適な指導を受けることにより、トップレベルの競技者へと育成されるシステムの構築を試みている。

3. 競技者育成プログラムにおける指導者像

　ソフトテニスにおける指導者が何をめざすか、その資質と条件に関しては経験や研修を通して多くを学ぶ姿勢が重要である。指導者の理想像に関しては、日本ソフトテニス連盟編『ソフトテニス指導教本』『ソフトテニスコーチ教本』（ともに大修館書店）を参考にしてほしいが、ここでは、競技者育成プログラムにおける指導者のあり方を箇条書きで示しておく。

①競技者育成プログラム「一貫指導システム」の理念と方法を理解し、競技者の年齢、技能、目標に応じたその発達段階における最適な指導をめざす。

②コミュニケーションスキルを高め、プレーヤーとの信頼関係をつくる。「しかるよりも良い点をほめて伸ばす」「プレーヤーに教え過ぎず、自分で考える力を身につけさせる」「責任を持たせる」など、プレーヤーのやる気や自立心を育てるようサポートする。

③スポーツマンシップやフェアプレーに代表される行動規範や道徳的規範を身につけるようサポートする。

④プレーヤーが競技者としての明確な目標設定ができるようサポートする。

⑤ソフトテニスの出会いをコーディネートする。

⑥ソフトテニスを継続して行うことができるようサポートする。

⑦ソフトテニスの仲間を多くつくるようサポートする。

⑧生涯にわたってソフトテニスライフを構築するための方法や内容についてサポートする。

⑨メディカル、フィジカル、メンタル、栄養などのスタッフと協力し、最適でトータルなサポート環境を提供する。

4. 競技者育成プログラムにおける指導者の育成方法

　一貫指導システムを導入するうえで、指導者の育成は必須の課題である。U-14、U-17、U-20と一貫して指導にあたるためには、指導者の共通の理念に沿った指導をする必要がある。

　このシステムは、ステップ1（地域）、ステップ2（都道府県）、ステップ3（ブロック）、ステップ4（全日本選考会）、ステップ5（全日本U-14、U-17、U-20、ナショナルチーム）へと発展していき、地域、都道府県、ブロック、全日本へと日本全体で競技者を発掘し、育成し、強化するものである。資格を有さなくても地域で指導にあたって貢献されている指導者は多いと思われるが、指導者の責任が明確になり、重いものになるため、資格を持つ必要性が生まれ、日本体育協会の公認スポーツ指導者養成制度の活用が重要になってくる。

　従来は競技力向上指導者（C、B、A）と地域スポーツ指導者（C、B、A）に分類されていたものが平成17（2005）年度から一本化し、指導員、上級指導員、コーチ、上級コーチの4つの指導者資格に改定された。

❶ 公認スポーツ指導員養成事業を積極的に奨励する

①指導員、上級指導員を積極的に養成する：各支部において、都道府県体育協会とよく調整を図り、公認指導員養成講習会を積極的に開催し、地域において有望な競技者の発掘・育成・強化という競技力向上のための重要な役割を担ってもらう指導者を養成する。

②コーチ、上級コーチを積極的に養成する：各支部から、特に中学、高校、大学、実業団で活躍の指導者に積極的に公認コーチの資格取得を勧める、あるいは義務づける方向で推薦してもらい、公認コーチ養成講習会で地域における競技者の育成や各拠点における有望な競技者の育成、さらにはU-14、U-17、U-20あるいはナショナルチームの競技者の育成にあたる指導者を養成する。

③共通科目（Ⅰ、Ⅱ、Ⅲ、Ⅳ）は必須であるが、ソフトテニス専門科目は指導実績、競技実績などを考慮した免除条件を定めることによって、指導者の負担を軽減し、資格者を増やそうとする試みがなされている。ソフトテニスにおける公認指導者の現状は指導員約2209名、上級指導員約421名、コーチ290名、上級コーチ25名（平成22年10月1日現在）の資格者を有する。当面の課題は、この一貫指導システムを進めていくにあたって指導者の確保が緊急課題であり、指導者バンクの構築が進められている。

❷ 公認指導者のための研修会、情報交換会などの開催

　コーチ会議などの形式で研修会、情報交換会、ならびに実技指導講習会を積極的に開催する。

❸ 競技者育成プログラムを展開していくための教材づくりを積極的に行う

　現在日本ソフトテニス連盟として、指導員やコーチを養成するためのテキストとして用いられているものとして『ソフトテニス指導教本』『ソフトテニスコーチ教本』、DVD『世界に翔ばたけトッププレーヤーへの道』、そして本書がある。

　これらはあくまで現時点でのソフトテニスの教材であって、まだまだ改良の余地があり、指導委員会、強化委員会、医・科学部会などの協力・連携のもと、ミーティングを多く持ち、より良い指導を求めて議

Chapter1：競技者育成プログラムから見たジュニア指導のあり方

論を展開していく必要がある。

　日本体育協会が認定する指導員、上級指導員、コーチ、上級コーチの条件について、表にしておく。

[表 1.1] ソフトテニス公認指導者資格条件

資　格	特　徴	備えるべき資質と条件
指　導　員	ソフトテニスの基礎的かつ専門知識を生かし、地域スポーツクラブを拠点に、年齢、性別などの対象に合わせた指導にあたる。特に発育発達において大切な幼少年期（導入時期）での総合的な身体の基礎づくり・動きづくり（コーディネーション）に主眼を置き、勝敗にはこだわらない、遊びの要素を多く取り入れた指導にあたる。	• 競技者育成プログラムの理念と方法 • スポーツに関する基礎知識 • ボランティアに関する基礎知識 • 初心者・初級者に対する基礎的技術指導 〈地域スポーツクラブの指導者〉
上級指導員	小・中・高における初級・中級の競技レベルに応じ、それぞれの時期に適した技術や戦術などの能力を発揮できるよう指導にあたるとともに、地域における事業計画の立案などクラブ内指導者の中心的な役割を担う。特に広域スポーツセンターや市町村エリアにおいて指導にあたる。	• 競技者育成プログラムの理念と方法 • 多様な能力やニーズに対する指導法 • スポーツ教室や各種イベントの企画立案 • 組織育成に関する知識 〈地域スポーツクラブや広域スポーツセンターの指導者〉
コ　ー　チ	地域において競技者育成のための指導にあたるとともに、広域スポーツセンターやソフトテニスのトレーニング拠点において、各地から推薦された有望な競技者の発掘・育成・強化にあたる。また、地域スポーツクラブの巡回指導等に協力し、より高いレベルの実技指導を行う。	• 競技者育成プログラムの理念と方法 • 国内大会レベルの競技者に対する指導法 〈中・高・大・実業団の監督・コーチ〉 〈国民体育大会の監督・コーチ〉
上級コーチ	トップレベル競技者の指導にあたるとともに、ナショナルクラスのトレーニング拠点において各年代で選抜された日本代表クラスの競技者の育成・強化にあたり、各競技会において最高の能力を発揮できるよう、強化スタッフとして組織的指導、サポートにあたる。特に、国際大会などの監督・コーチとしてのコーチングの手腕を発揮する。	• 競技者育成プログラムの理念と方法 • 国際大会で勝つためのコーチング 〈国内トップレベルの監督・コーチ〉 〈国際大会代表の監督・コーチ〉

SOFT TENNIS

CHAPTER **2**

第 2 章
ソフトテニスの技術

ソフトテニスの基礎知識

1. ソフトテニスのゲームの特徴

　ソフトテニスは、ダブルスゲームを主体とし、基本的にはベースラインあたりに位置して打ち合うプレーヤー（後衛）と、ネット近くに位置して相手打球を妨害するプレーヤー（前衛）が、それぞれに必要な技術を磨き、お互いが役割分担しながらダブルスのコンビネーションを発揮して勝敗を競い合うスポーツである。

　ゲームは、サービスから始まり、グラウンドストロークを用いてレシーブ返球し、ワンバウンド（グラウンドストローク）もしくはノーバウンド（ボレー、スマッシュ）で打ち合い、ポイントを競い合う。戦術的には、雁行陣型を基本としながら、ベースラインでの後陣の並行陣型、ネットについての前陣での並行陣型での戦い方が見られる。これらはダブルスのペアの特徴やコートサーフェスによって陣型が組み立てられる。国際大会における韓国や台湾の男子の前陣並行陣のゲームスタイルを考えると、今後はオールラウンドなプレーがますます要求されてくる。

2. ソフトテニスのグリップ

　グリップとはラケットの握り方のことで、大別するとウエスタングリップとイースタングリップの2つに分けられる。さらに細かく分類すると、標準的なウエスタングリップ、セミウエスタングリップ、イースタングリップに分けられる（図2.1）。その基準として、人さし指をハンドルの八角形の一角に置いて握り、人さし指をはずすのが標準的な方法である。

　ウエスタングリップは、写真1（16ページ参照）のようにラケット面をコートに対して水平にし、ハンドルの上の面に人さし指を置いて握り、人さし指を右横にはずす握り方である。

　また、セミウエスタングリップは人さし指をハンドルの右に一角ずらした面に、イースタングリップは人さし指を二角ずらした面にあてて握り、人さし指をはずす握り方である。

　グリップはプレーする技術によって微妙に異なるが、特にサービスやスマッシュではセミウエスタンやイースタンがよく用いられる。

　最初の段階では、グリップはその日その日で変わりやすく、グリップによって変なくせがつきやすい。

◎ソフトテニスのゲームの特徴

フォームがおかしいと感じたら、すぐにグリップをチェックする習慣をつけ、標準的なグリップを自然に身につけることが大切である。

また、グリップはテニススタイルを決めてしまうほど重要である。基本的には標準的なウエスタングリップを覚えることが先決である。練習段階が進んでいくと、個人個人の特性によってグリップの特徴が出てくるので、その矯正に関しては慎重になされるべきである。

[表2.1] グリップの特徴

	ウエスタングリップ	イースタングリップ
グラウンドストローク	1. フォアでドライブをかけやすい 2. バウンドの高いボールを打ちやすい 3. 球足の速い攻撃的なロビングをあげやすい 4. 同じグリップでフォア、バックが打てる 5. 逆クロスに打ちやすい	1. フォアでドライブをかけにくい 2. バウンドの低いボールの処理が簡単 3. ドライブのかかったロビングをあげにくい 4. バックは持ち替えが必要 5. 正クロスに角度をつけやすい
サービス	1. フラット、リバースサービスに適している 2. 手首が弱くても打てる	1. トップスライス、ショルダー、アンダーカットに適している 2. リストを使いやすい
ボレー	1. 体に近いボールの処理が簡単 2. 体から遠いバックボレーの処理が簡単 3. バックのローボレーがやりやすい	1. 体から遠いフォアボレーの処理が簡単 2. フォアのローボレーがやりやすい
スマッシュ	1. 浅いロビング処理に適している 2. バックスマッシュがやりやすい	1. 深いロビング処理に適している 2. リストをつかいやすい
フォロー	1. 体から近いボールの裏面を使ったフォローに適している	1. 体から遠いボールの裏面を使ったフォローに適している

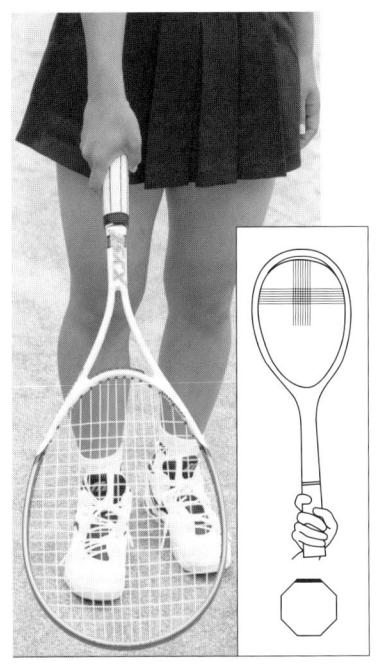

ウエスタングリップ 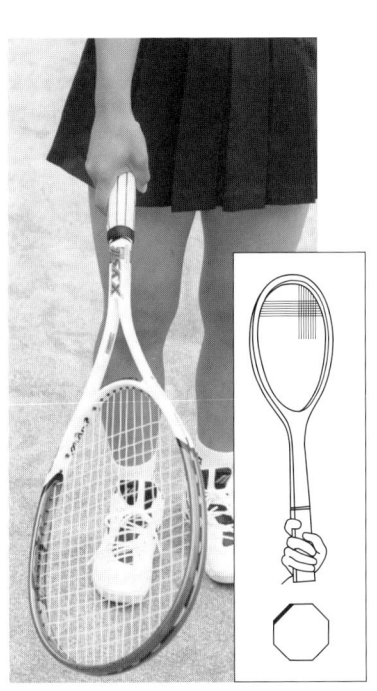　　　　　　セミウエスタングリップ 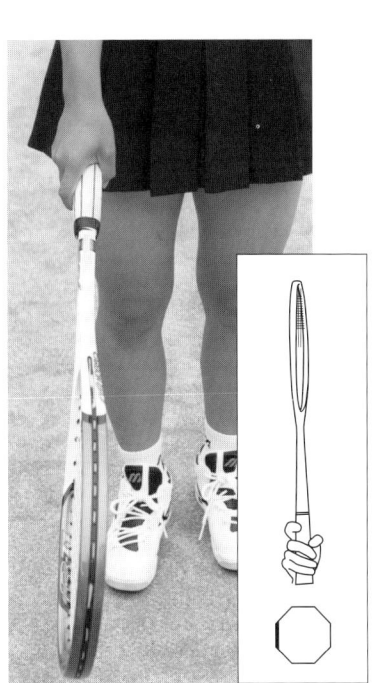　　　　　　イースタングリップ

[図2.1] ソフトテニスにおけるラケットの握り方

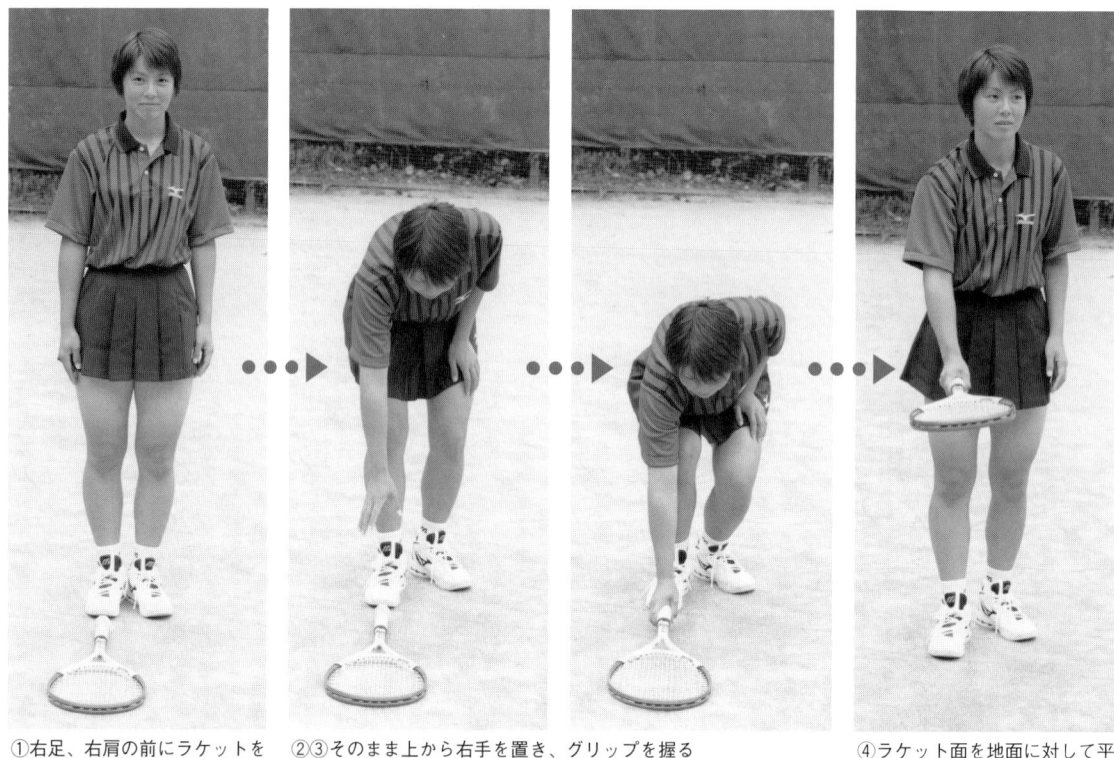

Chapter2：ソフトテニスの技術／1. ソフトテニスの基礎知識

①右足、右肩の前にラケットを置く　②③そのまま上から右手を置き、グリップを握る　④ラケット面を地面に対して平行にしたままで持ち上げる

[写真1]　標準的なウエスタングリップの握り方

◎ソフトテニスのグリップ

❶──フリーグリップの考え方

　初期の段階では、ほとんどの技術を標準的なウエスタングリップで対応するのが一般的であるが、レベルが高くなってくると、各技術に応じたグリップを使い分けるようになる。グラウンドストロークでもフォアとバックでは多少持ち換えたり、ボレーなどでは打点によってグリップが無意識のうちにかなり変化している場合が多く見られる。

　要するに、ウエスタングリップを基本としながら、レベルや技術に応じたグリップチェンジが必要であり、かつ無意識のうちに変化するぐらいの柔らかい握りを維持しておくことが大切である。グリップが先にあるのではなく、打点に応じた面が決まって、その状態でインパクト時にグリップをしっかり握ることを重視したい。

❷──標準グリップとハンマーグリップ

　写真2は中指と人さし指を少し空けて握る標準的なグリップで、従来から推奨されてきたものである。

　それに対して、写真3はハンマーグリップで、「わしづかみ」と呼ばれているグリップである。このグリップは、コントロールよりもスピードが重視されるといわれてきた。それに加えて、ラケットヘッドが遅れて出るため、右方向に打ちやすいという特徴がある。女子で力のない選手は極端なウエスタングリップになる傾向があり、結果的にハンマーグリップになっている場合が多く見られる。

人さし指と中指は少しあけて握る

[写真2]　標準的なグリップ

[写真3]　ハンマーグリップ

Chapter2：ソフトテニスの技術／1. ソフトテニスの基礎知識

3. 打球技術の構成要素

❶待球姿勢

ラケットのいちょう（スロート）の部分を左手で支え、膝を柔らかく曲げてバネをきかせ、前後左右いずれの方向へも速く動けるようにリラックスして構える。この際、待っているときは安定した姿勢で、相手が打球する段階で、足の親指のつけ根を中心に加重する。

❷フットワーク

相手の打球を瞬間的に判断して、最初の1歩がいかに速く反応できるかが大切である。そのためには相手の打球のインパクトの際のラケット面を観察して、瞬間的にスプリットステップ（ポジションをとるときや、相手打球を判断して動き始めるときに用いられるステップ）を使う場合が多い。また、サイドステップやクロスステップ（102ページ参照）が状況に応じて使われる。

❸バックスイング

（ロワー、ストレート、サーキュラー）

ラケットの引き方のことで、テイクバックともいう。

グラウンドストロークでは、大きく下から引くロワーバックスイング、まっすぐ引くホリゾンタルバックスイング、上から引くサーキュラーバックスイングに分類されている（40ページ参照）。また、サービスでは、直線バックスイングと円形バックスイングがある（60ページ参照）。

●軸足の決定

軸足とは、打球動作で体重を前に移動（体を回転）させるための跳ね足をいい、フットワーク後の打球動作に入る一番最初の足のことである。軸足を決めるタイミングは、テイクバックの終了とボールのバウンドの2つのタイミングとほぼ同時である。

◎打球技術の構成要素

❹フォワードスイング、インパクト
（打点の高さ、球質、回転）

　ラケットを振り出す動作のことをフォワードスイングといい、ボールをまさに打つ瞬間をインパクト、あるいは打点と呼んでいる。グラウンドストロークであれボレーであれ、打つ高さあるいはスタンスが異なっても、いつでも打点の位置は顔の向いている方向にある。

　打点の高さによって、グラウンドストロークではアンダーストローク、サイドストローク、トップストロークに、ボレーでは標準ボレー、ハイボレー、ローボレーに分類されている。

❺フォロースルー

❻フィニッシュ

　打った後のラケットの振り抜きをフォロースルーといい、振り終わりのことをフィニッシュという。グラウンドストロークでは、一般的にはラケットを首に巻きつけるように振り抜くという指導がなされるが、球質や打点、打球姿勢などの状況に応じて、頭の上や左腰あたりに振り抜かれていく。

4. スタンス

スタンスは打球する方向に対しての両足の構えのことである。グラウンドストローク、サービス、スマッシュの技術をこなす際、次の3種類に分類される。

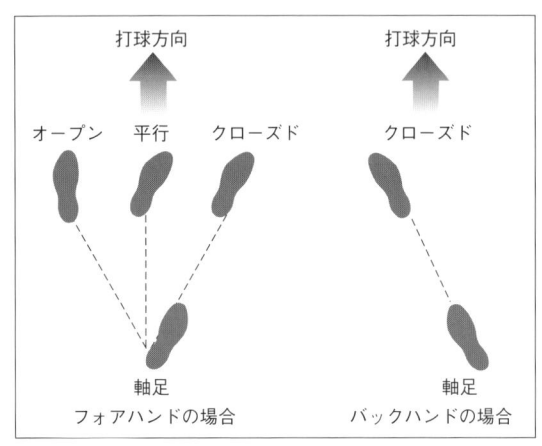

[図2.2] スタンス

❶ 平行スタンス

打球に対して両足がほぼ平行に位置する状態が基準となる。両足の間隔は肩幅よりも多少広めにとるのが一般的である。

❷ クローズドスタンス

フォアハンドの場合、前足が平行スタンスよりも右側に踏み込んだ状態をいう。バックハンドの場合、大きく右足を左方向に踏み込むことにより腰の大きな回転が可能となるため、この形が基本的なスタンスとなる。

フォアハンドで踏み込んで打つ場合、ボールに力を伝えやすいため、コースを決めて打つ場合に用いられる。しかし、この場合、前に出した足が腰の回転を抑制してしまうため、左（引っ張る）方向へボールを打つことが難しくなる。したがって、コースを打ち分けるための融通性が少ない。

❸ オープンスタンス

打球時に前足が平行スタンスよりも左側（外側）に踏み込んだ状態をいう。トップストロークを打つ場合に多用されるスタンスである。

フォアハンドの場合、クローズドスタンスや平行スタンスよりも無理することなく広い視野が保て、打てる方向も広範囲である。また、腰の回転により左右の方向に打ち分けることが可能なので、相手前衛の動きを見てコースを打ち分けるのに適している。

バックハンドの場合、オープンスタンスではバックスイング時に腰のひねりが甘くなり、バランスも不安定となるため、用いられることは少ない。もし用いるとしても、相手からボレーを打たれて足を動かすことなく返球する場合などであり、意識してオープンスタンスでのバックハンドを練習する必要性はないだろう。

クローズドスタンス

オープンスタンス

2
グラウンドストローク

1. グラウンドストロークの基礎知識

　グラウンドストロークとは、コートに一度バウンドしたボールを打球する一連の動作をいう。シュートとロビングといった球質、トップ、サイド、アンダーといった打点の高さ、さらにはドライブ、フラット、スライスといった回転による3つの分類が一般的である。

❶──球質による分類

　打球後のボールの弾道から、次のように分類される。

- シュート打法……コート面に平行にネット上の近いところを速く飛ぶ打球。
- ロビング打法……ネット上を高く緩やかな放物線（半円）を描くように飛ぶ打球。一般には、高いロビング（ロブ）、中ロブなどと呼ばれる。

❷──打点による分類

　アンダーストローク、サイドストローク、トップストローク

❸──回転による分類

　ドライブ打法、スライス打法

〈ドライブ打法〉

〈スライス打法〉

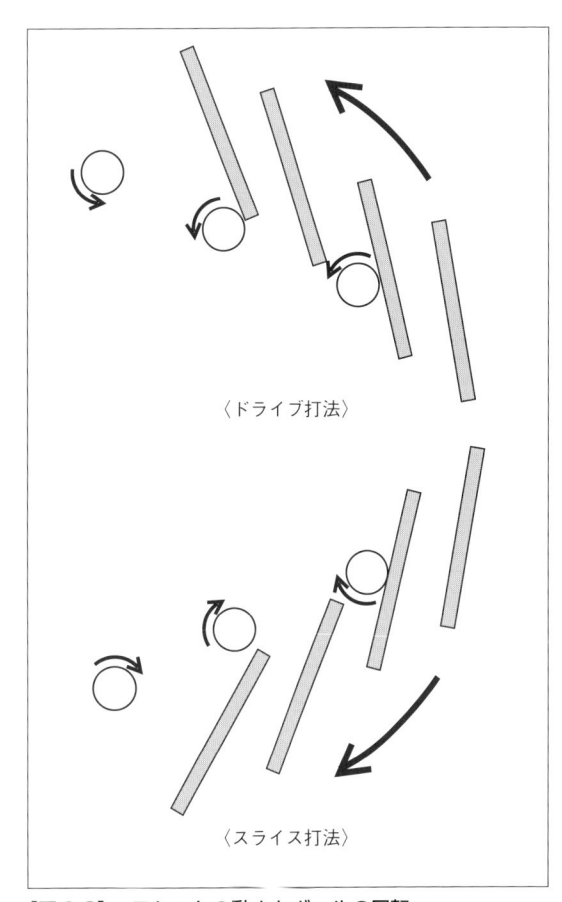

[図2.3]　ラケットの動きとボールの回転

21

Chapter2：ソフトテニスの技術／2. グラウンドストローク

2. グラウンドストロークの基本
―フォアハンド―

❶――アンダーストローク

　アンダーストロークとは、ラケットの先端を下げて、腰より下の膝あたりの高さでボールを打つ打法である。特徴としては、ラケットのヘッドが下がり、下から上に振り出されるために、ボールにドライブ回転がかかりやすい。また、打球に角度をつけにくく、スピードも他の打法に比べて遅く、打点が低いために攻撃性には欠けるが、ボールが打球方向に放物線を描き、最も安定性のあるストロークである。

●基本的な打ち方
- 膝を曲げ、左手はラケットのいちょうの部分に添えてリラックスして構える。
- 相手打球のコースや落下点を予測判断し、ボールとの間合いを図りながらリズミカルにフットワークをする。
- 低いバックスイングをとりながら、軸足を設定し、フォワードスイングが開始される。

◎フォアハンドのアンダーストローク（正面）●●●▶

1　①後ろ足に重心が乗り、軸足が設定される
2　②かかとから踏み込み、前足に重心を移動する
3　③打球姿勢が完了。左手でしっかりとバランスがとられている
4　④膝を十分に曲げて、腰・肩の回転とともにラケットが振り出される

◎フォアハンドのアンダーストローク（横）●●●▶

1　①全身をリラックスさせ、膝にゆとりを持たせ、ゆったり大きく構える
2　②③重心の移動で前足に体重を乗せる
3

◎グラウンドストロークの基本 —フォアハンド—

- ラケットは下から斜め前上方に振り出され、膝の高さあたりでインパクトを迎える。
- フォロースルーはラケットが首に巻きつけられるように振り抜き、フィニッシュを迎える。

●ゲームでは

セカンドサービスに対するレシーブ返球や、相手から短く打たれた打球の処理、相手返球のシュートボールに対してつなぐ場合などに比較的多く用いられる。また、相手前衛の動きを見てボールを打ち分ける場合や、ロビングを打つ場合にも用いられる。

●初級者は

アンダーストロークはすべてのストロークの基本となるので、初級者は最初に身につけたい技術である。特に、ドライブ回転の感覚を覚え、ボールが放物線を描いてコントロールできるようにする。

●中・上級者は

相手に攻め込まれないようベースラインの近くに深く打つことができる技術、ならびに相手を前に揺さぶるように短く打つ技術、さらには相手の前衛をかわす技術が要求される。特に相手前衛に対しては、シュートかロビングのどちらを打つのか相手に読まれないように、ボールを打つ直前まで相手を牽制する。体の使い方を同じようにして打ち分けることのできる技術も、特に上のレベルでは要求される。

⑤ラケット面の先端を下げる

⑥打球方向に後ろ足の膝を送り込む

⑦⑧しっかりと前足に乗ってフォロースルー、フィニッシュ

④ラケットの先端を下げて、インパクト

⑤⑥インパクト後はラケットを自然に高い位置に振り抜く

⑦完全に前足に重心を移し、フォロースルーを大きくとり、フィニッシュではラケットが首に巻きつけられる

Chapter2：ソフトテニスの技術／2. グラウンドストローク

❷──サイドストローク

　サイドストロークとは、ラケットを地面に対して水平に振る打法で、腰の高さあたりでボールを打つ攻撃的な技術である。打球が直線的に飛ぶ傾向があるため、ネットあるいはアウトになりやすいが、強く速い打球を打つことが可能であり、相手を攻めることができる攻撃的テニスへの第一歩となる技術といえる。

● 基本的な打ち方

- 膝を曲げてリラックスして構える。
- 相手打球のコースを判断し、ボールと間合いを図りながらバックスイングの完了と同時に軸足を設定する。
- アンダーストロークよりも膝の曲げは少なく、少し高い姿勢でバックスイングをとりながら、軸足をしっかり設定し、踏み出し足にしっかり乗ってためて、フォワードスイングが開始される。
- ラケットは水平に振り出され、腰の高さあたりでインパクトする。
- フォロースルーは左肩あたりに振り抜き、フィニッシ

◎フォアハンドのサイドストローク（横）▶▶▶

①リラックスした待球姿勢
②フットワークはかかとから行い、ボールとの間合いを図りながら、バックスイングを開始
③左手を活用し、リズム、タイミング、バランスを図る。軸足を設定し、ためをつくる
④前足への体重移動

◎フォアハンドのサイドストローク（正面）▶▶▶

①細かいステップで調整しながら軸足を設定
②左手の活用。ボールのバウンド、軸足の設定とラケットの引きの3つが同じタイミングになるようにする
③しっかりと後ろ足に重心を乗せてためをつくる。「ふところ」を大きくつくり出す
④後ろ足から前足へ重心を移動

◎グラウンドストロークの基本 —フォアハンド—

ュを迎える。
●ゲームでは
　どちらかといえば攻撃する場合に用いられるが、比較的余裕を持って打球体勢に入れる場合に多い。また、積極的に前衛をねらってボールを打つ場合や、あらかじめコースを決めて「決め打ち」でサイドパッシングするときにも用いられる。
●初級者は
　アンダーストロークの基本を身につけたうえで、腰の高さでボールをとらえることができるように練習する。この感覚をつかむことができたら、意識的に打点の高さを調節し、瞬時にサイドストロークでもアンダーストロークでも打てるようにする。
●中・上級者は
　スピード追求のための練習になりがちであるが、スピードが増すにつれて、コントロールおよび安定性が問題となる。いくら速いボールを打つことができても、コートに入らなければ意味がない。そのため、特に力むことなくスイングができて、安定感があり、比較的スピードのあるボールを打つことのできる技術を身につける必要がある。練習での意識としては、安定性を主眼にして、徐々にスピードのあるボールを打つよう心がける。

⑤ヘッドの遅れがヘッドスピード、ボールのきれを生む

⑥しっかり前足に重心を移動し、腰・肩の回転によりラケットが振り出される。ラケット面の動きはコート面と平行となる

⑦フォロースルーでは完全に前足に重心を移す

⑧フィニッシュではラケットが自然に首に巻きつけられる

⑤右肘が浮かないようにわきを締めて、左足に体重をしっかり乗せてインパクト

⑥インパクト後は大きくフォロースルー

⑦⑧フィニッシュではラケットが首に巻きつけられていく

25

Chapter2：ソフトテニスの技術／2. グラウンドストローク

❸──トップストローク

　トップストロークとは、相手のロビング気味の短い返球に対して、ラケットの先端をあげ、肩の高さまたはそれより上でボールをとらえ、攻撃的に打ち下ろす打法である。角度をつけやすく、厳しいコースをねらうことができる。また相手前衛にとっては、高い打点からラケットが振り下ろされる感じで打たれるため威圧感があり、ノーバウンドでボレー返球することが難しく、得点の源となる打法である。

● 基本的な打ち方
- 膝を曲げ、左手はラケットのいちょうの部分に添えてリラックスして構える。
- 打球姿勢はサイドストロークよりもさらに高くなり、上半身は胸を張るような気持ちで体の回転を意識する。
- 相手の守りの打球に対して攻撃できると判断したら、いち早くバックスイングを高い位置にとり、体重移動よりも腰、肩の回転運動で、肩よりも上で攻撃的にボールをヒットしていく。
- ラケットは高い位置から振り下ろされ、フォロースルー、フィニッシュは低い位置に振り抜かれていく。

◎フォアハンドのトップストローク（正面）・・・▶

1　①待球姿勢からリラックスした状態で相手打球を判断している

2　②③間合いをつくりながら、飛んでくるボールにタイミングを合わせてバックスイングし、軸足の設定がなされようとしている

3

4　④軸足が決まり、フォワードスイングが始まる

◎フォアハンドのトップストローク（正面）・・・▶

1　①ボールのバウンド地点にフットワークし、軸足（右足）を決めようとしている

2　②軸足設定とボールのバウンドとバックスイングの完了がほぼ同時

3　③攻撃できると判断し、バックスイングし

4　④右足をしっかりためて、相手を牽制している

◎グラウンドストロークの基本 —フォアハンド—

●ゲームでは
　その高い攻撃性からウイニングショットとして使われるが、逆にミスによって好機を逸して不利な状況を招く危険性も高くなる。また、攻撃的な中ロブを打つ場合にも用いられ、相手前衛の頭を越して相手を走らせてそのままエースになることもあるし、次の甘い返球をさらに攻撃していくこともできる。

●初級者は
　自分にとって無理のない、最も打ちやすい打点を見つけたうえで、徐々に打点を高くしていくのが一般的である。

●中・上級者は
　相手がロビングを使ってきた場合に、素早くボールの打点に入り、余裕を持って高い打点で打てるようにし、シュートボールと中ロブとを使い分けられるようにする。また、チャンスボールではコースを打ち分けられるようにするとともに、前衛に対してアタック攻撃をし、必ず決定打にしてポイントに結びつけたい。

5 ⑤ステップインされた前足にしっかりと重心を乗せて、胸の張りをつくり、腰と肩の大きな回転によってラケットが振り出される

6 ⑥ラケットヘッドの遅れと大きな回転がヘッドスピードを生み出し、またシャープなきれを生む

7 ⑦フォロースルーは低い位置に振り抜かれる

8 ⑧打球後は次の待球姿勢へ

5 ⑤右足から左足に体重が移動され、フォワードスイングの開始

6 ⑥左足を軸にして高い打点でインパクトし、大きな回転を生み出している

7 ⑦フォロースルーを大きくとり、フィニッシュを迎える

Chapter2：ソフトテニスの技術／2. グラウンドストローク

3. グラウンドストロークの基本 —バックハンド—

❶——アンダーストローク

　バックハンドのアンダーストロークは、ラケットを持っている反対側にボールが飛んできた場合に用いる技術であり、フォアと同様、膝あたりの高さで打つ。

　右腕の位置関係から、フォアハンドよりも打点が前になる（基本的に肩から打点までの距離はフォアハンドとそう変わりはない）。また打点が狭く一定であるため、一度バックハンドの打点を覚えたら、フォアハンドよりも無理なく打つことができる。そのため自分の打ちやすい打点をいち早く見つけることが上達への近道となる。

●基本的な打ち方
- 低い姿勢でバックスイングをしながら体を横向きにして、胸の高さに手首がくるようにラケットを引く。
- 右肩を入れて軸足（左足）に体重を乗せ、両腕をクロスさせて力をためる。
- 腰の回転と同時にラケットをスイングし、肘が伸びき

◎バックハンドのアンダーストローク（横）　●●●▶

1　①リラックスした待球姿勢から、ボールの落下点を予測している

2　②左手を後方に引っ張ることによって、バックスイングがスムーズに流れる

3　③軸足（左足）を決定した後、右足を踏み出している。このとき、ラケットと左手はクロスさせて、ためをつくっている

◎バックハンドのアンダーストローク（正面）　●●●▶

1　①ボールの落下点を判断し、左足（軸足）を設定する

2　②バウンドしたボールの間合いを図りながら、テイクバック

3　③右足をかかとから踏み出すことによって、左足から右足へと体重移動する

◎グラウンドストロークの基本 —バックハンド—

る前にインパクトする。体重移動に伴い、きれのいいシャープな腰の回転がポイントとなる。右手の手のひらの使い方は親指でボールをすくいあげる感覚が重要である。
- フォロースルーはできるだけ大きくとり、フィニッシュでは完全に腕が伸びきった状態になる。

●ゲームでは

攻めのボールを打たれ、フォアハンドに回り込めないと判断した場合によく用いられる。守りやしのぎ、つなぎなどのボールを打つ場合が多く、攻撃に用いることは少ない。また、体勢が苦しい場合に高いロビングを使うが、フォアに比べて打球が短くなりやすい。また、左サイドでのレシーブの際、バックで打たなければならない局面が多くなるので、前衛は特にバックの練習にウエイトをかける必要がある。

●初級者は

緩いボールに対して、自分の一番打ちやすい打点を見つけ、反復練習をすることによって打点が一定になるようにする。苦手意識をつくらないように心がける。

●中・上級者は

腰の回転により無理なくどの方向にもコントロールできるようにする。さらに、ロビングとシュートボールを使い分けられるようにする。ゲーム中のセオリーとして、ある程度の高さをつけ、ベースラインの近くにコントロールできるようにし、相手から攻められないボールを打つことを心がける

④⑤右膝をしっかり曲げた状態でフォワードスイングが始まり、腰の高さあたりでボールをとらえようとしている

⑥インパクト後、ラケットは大きくフォロースルーされ、体全体のバランスが保たれている

④ラケットはためをつくり、右足を軸にして回転を生み出す

⑤インパクトは膝のあたりの高さで、フラット面でしっかりとらえる

⑥インパクト後、ラケットは斜め上に大きくフォロースルーをとり、フィニッシュを迎える

Chapter2：ソフトテニスの技術／2. グラウンドストローク

❷──サイドストローク

バックハンドのサイドストロークはアンダーストロークと基本的な打ち方は変わらないが、腰の高さで打つために体重移動よりも回転を重視し、より攻撃的である。打つ方向がフォアハンドの場合より読まれにくく、余裕のある状態で打つ場合には、相手前衛に大きなプレッシャーを与えることができる。

●基本的な打ち方

- 体を横に向け、腰をやや落とし、軸足（左足）を決める。手首の位置が胸と肩の高さになるように右肩を大きく入れてバックスイングを行う。
- 踏み出した右足を軸に腰を回転させ、肘を先行させてラケットを振り出し、腰の高さでボールをとらえる。腰の回転とスイングとを一体化することによってスピードが増し、正確なコントロールが可能となる。

◎バックハンドのサイドストローク（正面）

1 ①コースを判断する

2 ②体を横向きにしてスタート

3 ③軸足の決定後、打球方向に背中を向けるくらいに大きくバックスイングをとる

4 ④後ろ足から前足へ重心を移動

◎バックハンドのサイドストローク（横）

1 ①リズム、タイミングを図りながら軸足を決めにいく

2 ②ボールのバウンドと軸足の設定、ラケットの引きの３つが同じタイミングになるようにする。打球方向に背中を向けるくらいに腰、肩の回転は大きく行う
③軸足から前足へ重心を移動

3

4 ④しっかりと踏み出した前足に体重を乗せる

◎グラウンドストロークの基本 —バックハンド—

● **ゲームでは**
　右利き前衛のレシーブでよく用いられる。これはレシーブ後のポジションどりを素早く行うためであり、ゲームの主導権を握ろうとするものである。

● **初級者は**
　アンダーハンドと同じように、まず打ちやすい打点を見つけることが重要である。そして、その打点で比較的スピードが速く、ねらったコースに打てるようになることを目標とする。

● **中・上級者は**
　いかに攻撃的なボールを打つことができるようになるかが重要で、切れのいい腰の回転によるスピードの強化とコースの打ち分けが肝心となる。言い換えると、サイドストロークの攻撃性をいかに伸ばすかが目標となる。
　また、バックのトップストロークで打つ場合は極めて少ないが、大きな武器となるため、バックの得意な選手は積極的に挑戦することを勧めたい。

⑤肩、腕、手首、ラケットへの力の伝達を行うために、腰の回転が極めて重要になる

⑥シャープな腰の回転により、腰のあたりでインパクトを迎え、ラケットが振り出される

⑦⑧フォロースルー、フィニッシュはしっかりと前足に乗り、ラケットは高く振り抜かれる

⑤⑥腰のひねり戻しで、腰のあたりの高さでインパクトを迎え、ラケットが振り出される

⑦⑧前足に乗って、大きなフォロースルー、フィニッシュでラケットが振り抜かれていく

31

Chapter2：ソフトテニスの技術／2. グラウンドストローク

3. グラウンドストロークの応用

❶──ロビング

　相手前衛の頭上を越して、高くあげて返球するボールをロビング（ロブ）という。ロビングには、相手チームの陣型を崩す攻撃的なものと、自チームの陣型を立て直す守備的なものとがある。特にネット上3〜4mを越えるロビングは中ロブともいわれ、スピードもあり、攻撃に適している。

　守備的なロビングは高さが重要となるので、アンダーストロークでの打球が多く用いられる。攻撃的なロビングは比較的高い打点で打たれることが多く、そのためボールの描く放物線も急となり、攻撃的である。ただしボールの高さを誤ると、相手にチャンスボールを送ることになるので注意が必要である。

●基本的な打ち方
- 膝を柔らかく曲げ、なるべくボールを引きつけるようにし、バックスイングは普通のアンダーストロークよりもコンパクトに行い、踏み込む左足もやや狭いスタ

◎フォアハンドのロビング（正面） ●●●▶

1　2　3　4　5

①②リラックスした待球姿勢で相手打球を予測　③ボールとの間合いを図りながら、軸足の設定へ　④軸足の決定とともに、重心をかかとから前足へ移動させる　⑤十分にボールを引きつけてためをつくる

◎フォアハンドの中ロブ（高い打点／正面） ●●●▶

1　2　3　4

①②リラックスした待球姿勢からボールの落下地点を予測判断　③完全に後ろ足に体重をかけ、軸足を決める　④膝を十分に曲げ、ふところを広く保ち、十分にボールを引きつける

◎グラウンドストロークの応用

ンスでよい。
- 体の回転とともにラケットを振り出し、そのときラケット面は一度下に向けてから上に向けるようにする。
- インパクト（ボールの当たる瞬間）時は、ラケットでボールを押しあげながらドライブをかける。
- フォロースルー（振り抜き）はラケットを前方に大きく振り出してスイングし、体がやや上方に伸びあがるようにする。
- 低いボールをロビングで打つときは、ラケットヘッドをグリップより下に下げないとボールコントロールがしにくくなる。

●ゲームでは
　相手から攻められたときにとりあえず時間を稼ぎ、陣型を立て直すためにロビングの習得は必須である。

●初級者は
　まず守備的な、高さのあるロビングから練習し、ネットから約5〜6mの高さを通過するように心がける。打球はベースラインの近くにコントロールできるようにする。

●中・上級者は
　守りと攻めのロビングを状況に応じて使い分けられるようにし、さらに、相手にシュートボールとの判別を難しくさせるような打ち方を身につけることが要求される。

⑥⑦ラケットの先端を下げ、縦面でボールの後ろを下から上へ振りあげる

⑧フォロースルーは頭上に大きく振り抜き、

⑨フィニッシュは首に自然に巻きつけられる

⑤前足に重心移動し、フォワードスイング

⑥ラケットの先端は下がっている

⑦フォロースルーは大きく頭上に振り抜く

Chapter2：ソフトテニスの技術／2. グラウンドストローク

❷——スライス打法

　スライス打法は、ドライブ打法に比べて打球時にあまり力を必要としない。グリップ操作や適度な力の入れ具合が大切で、力を入れ過ぎるとアウトしてしまうため、微妙な力加減が重要となる。それゆえ難しい技術といえる。ドライブ打法で打ったボールは無回転のボールに比べ、スピードを増して飛んでくる。そのバウンドは比較的高く弾む。また、感覚的にはボールがはねてくるというバウンドの仕方をする。それに対し、スライス打法で打ったボールはバウンド後に球威が急激に落ち、低く弾む。ボールの回転によって、さらに急激に減速するものや、右または左方向に変化（切れる）するものがある。感覚的には、ボールが滑ってくるようなバウンドをするのが特徴である。

●基本的な打ち方

- シュート（ドライブ）を打つ構えから、スライスを打とうと決めた瞬間ラケットを高い位置に置き、ラケット面を上に向ける
- 上から下へのダウンスイングでカットするようにラケットを振り出す
- インパクト後はラケット面を変えずに、打球の長短をフォロースルーの長さで調整する

●ゲームでは

　体勢が悪く、ドライブ打法で打つことが無理な場合によく用いられる。また相手にボレーされたときなど、フォローする際に用いられることが多い。レシーブなどでツイストを打つ場合にも用いられ、ドライブで打つ場合に比べてバウンドが低くなるので相手から攻撃されにくい。相手後衛にとって返球するタイミングをつかみにくいので、前衛がネットをとる場合のアプローチショットとしても有効となりうる。

●初級者は

　基本的にはドライブ打法を身につけることが肝心である。技術を習得するうえで、ドライブがかかり過ぎたり、スライスになったりすることがあるので、グリップやフォームのチェックを日々心がける。

●中・上級者は

　レベルがあがってくると、スライス打法を積極的に取り入れることが大切である。相手に牽制をかけてのスライス打法で短いドロップショット、長いアプローチショットは効果的である。

◎フォアハンドのスライス打法（正面）

1 ①リラックスした待球姿勢からボールの落下点を判断し、前進しながら返球の球種を決めようとしている

2 ②ボールのバウンドと軸足の決定、バックスイングの完了がほぼ同じタイミングになるように間合いを合わせる

3 ③普通のストロークと同じバックスイング

4 ④軸足を決め、攻撃的なショットを打つように見せかける

◎グラウンドストロークの応用

◎スライス打法　●●●▶

1　　**2**

スライスはシュートボールを打つようにみせかけて、意表をついて短く打つテクニックである。また、相手の厳しい打球に対してラケットをシャープに振り、深く打つテクニックを身につけよう

5　**6**　**7**　**8**

⑤ラケットを上から下にカットするように振り出そうとしている

⑥前足に体重がしっかり乗ったところから、ボールの後ろ下方にスライスをかける

⑦⑧インパクト後は、ラケット面を崩さず、そのまま振り抜いていく

Chapter2：ソフトテニスの技術／2. グラウンドストローク

Q&A
グラウンドストローク

Q1 ボールがラケットのまん中に当たらず、打球方向が安定しないのですが？

A 初期の段階はボールとラケットの長さ、体の位置（頭、顔）の距離感がなかなかつかめず、スイートスポットでとらえることが難しい。

　大事なことは、ボールの落下点の予測やバウンドの理解など、ボールの落下する様子を早く体で覚えることである。技術の要素に注意を集中し過ぎるとボールへの集中が鈍り、どんなフォームで打っているのかわからなくなることがある。四方八方へ飛び、相手をしている人に申し訳ない気持ちになり、精神的にも負担を感じてしまう。

　最初のうちは余計なことを考えずに、構えからフィニッシュまでの一連の動作を頭の中でイメージしながら、基本に忠実に実行していくことが大事である。ボールを打とう打とうという気持ちが先行するのではなく、冷静に落ち着いて動作をゆっくり行う。そして実際に自分が打ったボールを確認することによって結果を知り、悪い結果であればどこが悪いのか自分で考えるとともに指導者に指摘してもらい、それを修正していく過程を繰り返していく。「反復練習の積み重ねの大切さ」。これなしにはテニスの上達はありえない。簡単にはボールがうまく飛ばないところにソフトテニスへの興味づけがなされる。「焦らず、慌てず、腐らず、諦めず」の精神で、努力して上達する楽しさを期待して頑張ることが大切である。

Q2 打つ瞬間にグリップが動いて力が抜けてしまうのは？

A 打球するとき、ラケットをしっかり握れるかどうかが打球方向を決め、握力の強弱によってボールのスピード感をコントロールできるかどうかが決定する。ボールを打つ瞬間にこの力がうまく入らないと、グリップが変に動いたりする。

　夏場で汗をかいたためにぬるぬるした場合は動きやすくなるが、そうでなければ次のような問題点が考えられる。
①バックスイングのとき、腕や肩に力が入り過ぎてインパクトの瞬

◎グラウンドストロークのQ＆A

間に力が抜ける
②グリップの握り方に問題がある場合（親指が立てられている場合）
③握力の弱さ
④インパクト時の腕のつくり方に問題がある場合
　対処法としては次のことが挙げられる。
①あまりに緊張し過ぎて、全身に力が入り過ぎると柔軟性がなくなる。左手の補助動作によって、力を抜いてリラックスした状態をつくり、緊張と弛緩のリズムを覚える。
②打球がどこにくるか予測できない場合、スピードに力負けしてグリップがよく動く。自分なりに予測判断できる力を身につける必要がある。特に、バックスイングの際のリラックスが一番大切である。リラックスするというのは、指の力を全部抜くということではない。フォアハンドの場合、小指から薬指、中指そして親指と人さし指の順で力が入るのが望ましいといわれる。ボールをインパクトする場合に、ラケットを支える役目をするのが小指で、この補助的な役目をするのが薬指である。
③ラケットを支える程度の力で、肩の力を抜いてリラックスした状態でバックスインし、インパクトの瞬間に最大の力が加えられるようなリズムやタイミングを覚える。

腕が伸びきっていても駄目。肘を締め過ぎても力が入らず、スピードボールは打てない

Q3 ボールとの間合いのとり方がうまくいかないのですが？

A ボールの落下点の予測やバウンドの理解ができないために、ボールを待てなかったり待ち過ぎたりして、バウンドした地点に近過ぎる、あるいは遠過ぎるところで処理してしまう。それでは打点が一定せず、リズミカルなスイングができない。
　対処法としては、待球姿勢から相手打球がネットを越えたぐらいからステップし、フォアの場合、右腰、右肩を引きながらラケットを引き始める。バウンドするボールに合わせて軸足をつくり、タイミングを合わせる。フットワークはジョギングのリズムで、最後の軸足決定では小刻みなステップで微調整する。
　練習の最初の段階では、その場で止まって打たせるよりも、少し横に1～2mぐらいフットワークして打たせるようにするとリラックスしやすい。下手投げでゆっくりした打ちやすいボールをあげ、打点の高さをあまり意識させずに打たせるのが望ましい。また、ボールのバウンドを理解するために、ラケットを引きながら「さあ打

Chapter2：ソフトテニスの技術／2. グラウンドストローク

とう」とする姿勢で、ワンバウンドしたボールを左手キャッチあるいはプッシュする練習をする。

[写真1]　　　　　[写真2]

手で投げてもらったボールのバウンドとテイクバックの終了が同時になるようにラケットを引き、左手のひらでプッシュ（写真1）と、キャッチする練習（写真2）。ボールの高さを変えながらキャッチしてみよう！

Q4 フォアハンド、バックハンドを教え始める時期は？

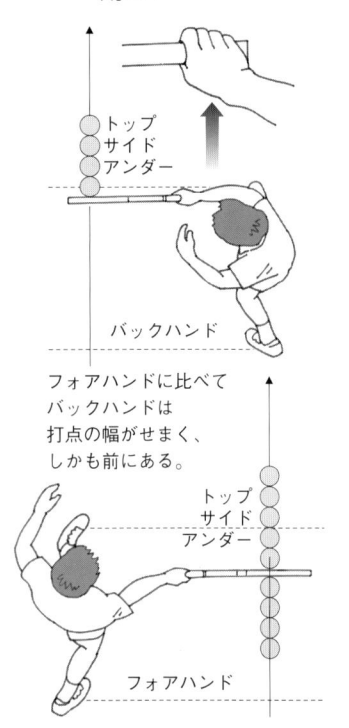

トップ
サイド
アンダー

バックハンド

フォアハンドに比べてバックハンドは打点の幅がせまく、しかも前にある。

トップ
サイド
アンダー

フォアハンド

A フォアハンドでボールをいろいろ打てるようになり、ラリーの楽しさを体験できるようになった段階でバックハンドを覚え始めるのが一般的である。ただし、一度バックハンドに苦手意識を持ってしまうとなかなか上達しにくいので、十分に配慮する必要がある。

ひとつの方法として、フォアハンドとバックハンドを交互に打つ練習法があるが、利点としては腰の回転を自然に覚えることができる。

また、ポジションを決める段階で、前衛はレシーブを受けるときにフォアよりもバックで打つ状況が多いため、最初からバックハンドを練習すべきという考え方もある。

しかし実際には、フォアハンドがうまくなって、その後バックハンドが上達していくのが普通である。その途中で得意、不得意が出てきて、その特徴を生かしたゲーム展開を工夫することになる。

フォアハンドが得意でバックハンドが苦手な選手は、フットワークと予測判断を重視して、どんなボールでもフォアハンドに回り込むことを考え、苦手なバックハンドを打たされる場合はロビングに徹底するという考え方も出てくる。逆に、バックハンドが得意な選手はそれを武器にすることができる。

◎グラウンドストロークのQ&A

Q5 フォアハンドに比べてバックハンドがうまくならないのですが？

A　バックハンドがうまく打てない大きな原因として、フォアハンドに比べて打球範囲が狭く、しかも打点が前にあることが挙げられる。これは利き腕、肩が体の前にあるため、準備が遅れると体の中にボールが入って打つことになり、腰の回転が使えずに、ボールが左に飛んでいくことになる。また、左肩が後ろにいかないために右肩が入らず、横向きの形ができずに右肩を支点とした右手だけの手打ちになってしまう。また、スタンスがオープン気味になってクローズドになれないために、結果として、ためができない打ち方になってしまう。

　これらの対処法としては、腰と肩の回転で打つことを覚えることが大切である。そのためにはバックスイングを早めに引き、左足の軸足を多少早く決めて、右肩をしっかり入れ、打つ方向に背中を向けるぐらいに意識する。腰と肩の回転を使ってラケットを大きく振り出し、インパクト後はできるだけ長いフォロースルーを心がける。

　矯正法として、左手を後ろから回して右腰を持って打つ方法（写真 1）、左手に重い物、例えばバッグを持ってスイングする方法（写真 2）などが挙げられる。

　中級者以上でバックハンドが苦手な場合、ゲームではフットワークを生かしてフォアハンドに回り込んで打つことを勧める。

　回り込めない場合は、相手に弱点を見せると徹底的に攻撃されるので、日頃のバックハンドの練習では特に「つなぎ」という視点で考える必要がある。難しい打球であれば、前衛を避けるような高いロビングを使って次の体勢に備える。簡単な打球に対しては、時には目をつぶる気持ちで思いきって強打することが必要となる。ポイントにつながれば、相手に精神的な動揺を与えることにもなる。

　バックハンドの苦手意識を克服するためには、どんなボールでもロビングでつなげるという自信が持てるまで練習することが大切である。

[写真 1]

ラケットを持たないほうの腕を腰の後ろに回してラケットを振り抜いてみよう

[写真 2]

左手に重いものを持って打つと、ラケットをシャープに振ることができる

Chapter2：ソフトテニスの技術／2. グラウンドストローク

Q6 グラウンドストロークのバックスイングの行い方を教えてください

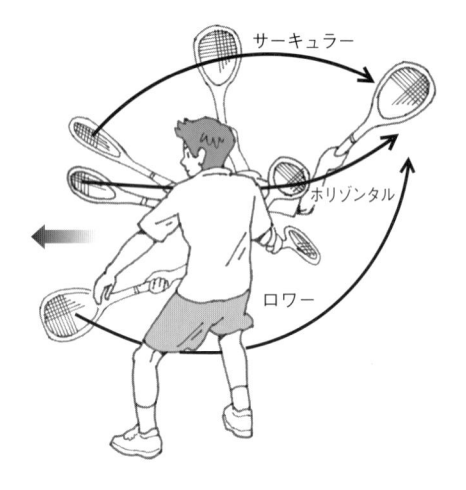

A バックスイングの行い方は、グリップやリズム、また後衛、前衛のポジションによって決まってくる。基本的には下から引くロワーバックスイングや、ラケット面を最初からつくって打とうとする軌跡を戻るようなバックスイングがオーソドックスである。

最近硬式テニスで、トッププレーヤーの中で一般的になっているサーキュラーバックスイングをよく見かける。その特徴として、高い打点で攻撃的なボールを打ちやすい、リズムがとりやすい、リラックスできる、低いボールにも対応できるといった利点がある。

ただし、その人の個性によってリズムのとり方が微妙に異なるので、どれがいいというものではなく、あくまで個人に合ったバックスイングを身につけることが大切である。また、打ちたい打点に応じたバックスイングもストロークの幅を広げることができる。

サーキュラーバックスイング

Q7 スライスになってしまうのですが？

A スライスになる原因として考えられることは、グリップがイースタン気味になってインパクトのときにフレームの上の面を押さえることができない場合や、親指を立てて握っているために押さえが効かない場合である。その際、グリップそのものの矯正や親指のチェックが必要である。また、打つ瞬間、親指と人さし指の関係を逆にするのもひとつの方法である。

さらにスイングの方向性の問題が原因として挙げられる。スライスになるのは、ラケットが上から下へのダウンスイングによることが多い。その際、ラケットヘッドが手首の位置よりも高くなってい

◎グラウンドストロークのQ&A

る場合が多く、ラケットヘッドを下げて、下から上への方向にスイングするとドライブ回転が生まれやすい。その場で、ラケットヘッドを地面につけて縦面で下から上へ面を変えずにスイングするとドライブ回転がかかったロビングボールとなり、落ちる要素が生まれる。

　そのフィーリングをつかむことによって、シュートボールにおいてもラケットヘッドの位置と振り抜く方向を調整することができる。

Q8 ドライブがかかり過ぎてしまうのですが？

A ドライブがかかり過ぎてボールが浮いてしまうことがある。コートが湿っているときに起こるような現象が普通の条件で起こってしまう。

　これは、面が下を向きやすい極端なウエスタングリップの場合に、インパクトの際、ボールと面が薄く当たってドライブ回転がかかり過ぎてしまうためである。また、脇が甘くなって肘が上下動してしまう場合や、手首を使い過ぎる場合によく見られる。

　まず、グリップをチェックして矯正すること。また、わきを空け過ぎないように、タオルやボールをはさんで打つ練習も有効である。あるいは右手の上腕にひもをかけて、左手で前に引っ張る形で、肘を軸にした回転でラケットを振っていく練習も効果的である。

わきにタオルやボールをはさんで落とさないように打つ意識で

Q9 打球が短く（長く）なってしまうのですが？

A ここでの問題は、長く深いボールを打ちたい場合に短くなってしまう、あるいは長過ぎてしまう場合である。その原因ならびに対処法を考えてみる。

●短過ぎる原因
　①打点の位置が前になり過ぎる
　②面が下を向いている
　③面が上から下へ移動する
　④スイング、フォロースルーともに小さく、フィニッシュが低い

●長過ぎる原因
　①打点の位置が後ろになり過ぎる
　②面が上を向いている
　③面が下から上に移動する
　④スイング、フォロースルーともに大きく、フィニッシュが高い

Chapter2：ソフトテニスの技術／2. グラウンドストローク

　これらの対処法として、次のことに留意したい。
　相手コートにボールを深く、あるいは短く打つために最も必要となるのは、スイングの大きさである。スイングが小さければ、結果としてフォロースルーも小さくなり、肘を支点としたスイングがなされ、短いボールを打つことになる。
　逆にバックスイングを大きくして、肩を支点としたスイングを心がけると、長いボールを打つことができる。またフォワードスイングを大きく、フォロースルーを高い位置に振りあげること、インパクトのときはできるだけ長くラケット面にボールを乗せること、また体重移動と体の回転を意識し、遠くに打つイメージで打つことなどを心がける。
　いずれにしても、打球の長さの調整はスイングの大きさ、打点の位置、ラケット面の向きとその移動の方向などによってなされる。個人個人が打ちたいイメージを持って、そのための最適な調整をしながらマスターするしかない。
　また、もうひとつの原因として、心理的な影響は見逃せない。大事な場面で慎重になったとき、ていねいになり、萎縮や弱気や不安が表れて、ボールが短くなることがある。逆に、やけっぱちになって力んでしまうときは、大きくなりやすい。これを克服するには、ラケットを振り抜く勇気と決断ならびに冷静さなどの精神的要素が重要になってくる。

Q10 膝が曲がらず、上半身が前に倒れ、ストロークが安定しないのですが？

A このような症状は、スタンスが狭く、腰高になる場合に現われる。スタンスが狭いと膝が曲がりにくく、軸足が安定せず、体重移動も少ない。しかも低いボールを打つときには上半身が前にのめってしまい、不安定なストロークになってしまう。
　このような欠点を直すためには、ストロークの基本をしっかり身につける必要がある。まず、ボールのバウンドの判断と軸足の決定、体重の移動を直す。特に体重移動のとき、重心は軸足から踏み出し足である前足に移されていなければならない。そのためには膝を曲げた状態で、上半身はわずか前方に傾ける程度が望ましい。
　また、打点が膝や腰あたりになるストロークでは、軸足および踏み出し足はかかとからしっかり踏み込むことを意識することによって、膝が曲がりやすくなり、安定したストロークが生まれる。ただ

◎グラウンドストロークのQ＆A

し、トップストロークでは踏み出し足はかかとから入り、膝を止めてつま先の蹴り動作が加わって回転をつくり出すことによって、攻撃的でパワフルな打球が生み出される。

膝を柔らかく使うためには、特に左膝の強さが要求される。膝を使いすぎて故障をおこすこともあるので、脚力のトレーニングが必要となる

Q11 ラケットの先が回らなくて、振り遅れてしまうのですが？

A これは指導者からの「引きつけて打ちなさい」というアドバイスを、打点は後ろにとるというふうに勘違いしていることが原因となる場合がある。ウエスタングリップでは、高い打点になるほど前でとらえるのが基本となる。打点が後ろにあると体重移動が難しくなり、腕だけでスイングしてしまうことになる。体力のない人でも打点を前でとらえることができれば、体重移動をスムーズに行うことができる。

またオープンスタンスの場合、打点が後ろになり、体重の移動が前になされずに横にかかってしまい、初級者から中級者には難しい打ち方になる。最初はできるだけ平行スタンスをつくって打球することを心がける。精神的には自分の気持ちを前向きにし、待球姿勢から膝を曲げた状態でフットワークすることが大切である。

踏み出した足、腰、頭の位置関係を考えながら、しっかりした回転軸をつくることが大切

Chapter2：ソフトテニスの技術／2. グラウンドストローク

[写真1]

（上）ラケットを首に巻きつけるように！
（下）打った後、体を1回転させてみよう！

中級者から上級者にかけてボールのスピードが増してくると、打球が遅れることが多くなる。スピードボールに対して打球が遅れた場合、インパクトの瞬間に手首にかかる負担をはね返せるだけのシャープな腰のきれや手首の力が必要となってくる。特に振りの鈍い人は、素振り練習などで1分間に何回振れるかといった練習も取り入れることによって、スイングを速くすることができる。

また「ラケットを速く振れ」というととかく力が入りやすいが、それを「大きく振れ」という意識に変えさせると力みがとれることが多い。打った後、ラケットを首に巻きつけたり、体を1回転させたりする（写真1）のも、腰、肩を回転する感じを覚えることができる。また、ボールを遠くに飛ばすホームラン競争（写真2）を取り入れるのもひとつである。

[写真2]
ボールを遠くに飛ばすホームラン競争をする

Q12 ネットミス（バックアウトミス）が多いのですが？

A よくネットミスをするのは、ラケットの面が下（上を）を向いているからである。ドライブを早くかけたとき、体のバランスを崩し、ボールが体から離れ過ぎることが原因の場合が多い。

トップストローク、サイドストローク、アンダーストロークのそれぞれの打点に合った正しいラケット面を覚えることが必要である。

まず、できるだけフットワークを使ってボールのところに素早く移動し、軸足を設定し、早く準備して構えることが先決になる。フットワークの際に腰が上下にぶれないことも重要な要素である。

また、ラケットにボールが乗っている時間が長くなるように、ラケットを打球方向に投げ出すように意識する。上体がボールに突っ込み過ぎるとネットミスが起こりやすいので、上体を残すイメージでボールを打たせることも大切である。上級者になってこのようなミスが多く出るのはフットワークが悪いからであって、足を使って軸足を決め、早く構えていれば妨げられる。

精神的に克服していくには前向きな気持ちで、じっくり焦らずに直していくことが大切である。

◎グラウンドストロークの練習法◎

基本練習

Step1 その場で一定のコースへ打つ練習

● ──練習の行い方
● あげボールの出し方
1. その場で手で投げてもらったボールを打つ
2. 自分で左手でトスしたボールを打つ
3. ネット越しに手であげられたボールを打つ
4. ラケットであげられたボールを打つ

● ストロークの種類
1. プッシュ打法
2. フォアのアンダーストローク
3. バックのアンダーストローク
4. サイドストローク、トップストローク

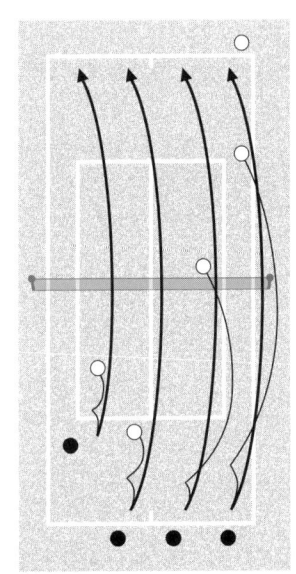

● ボールの種類
1. ゆっくりした直線的なボール
2. ゆっくりした高いボール
3. コートの中にいろいろな種類のボール

● ──バリエーション
1. 正クロスの陣型で、クロスにフォアハンドで引っ張る練習
2. 逆クロスの陣型で、クロスにフォアハンドで流す練習とバックハンドで引っ張る練習
3. 乱打練習
   - 最初はラリーが続く楽しみを経験する
   - 経験者 vs 初心者の乱打
   - 初心者 vs 初心者の乱打（ショート乱打）

Step2 その場でコースを打ち分ける練習

● ──練習の行い方
● 陣 型
1. 正クロスの陣型で、クロス、ミドル、ストレートの目標をねらってコースを打ち分ける
2. 右ストレート、左ストレート、逆クロスのそれぞれの陣型でコースを打ち分ける。特に、逆クロス、左ストレートの陣型ではバックハンドの練習を多くする

● 球 質
1. 最初はゆっくりしたボールを打つ
2. シュートボールで打ち分ける
3. 高いロビング、中ロブで打ち分ける
4. シュートとロビング、打点の高低を組み合わせる

● ──バリエーション
1. 最初からコースを決めて打つ
2. 2つあるいは3つのコースをあらかじめ頭の中に置いて、瞬時に1つのコースを選択して打っていく

Step 1

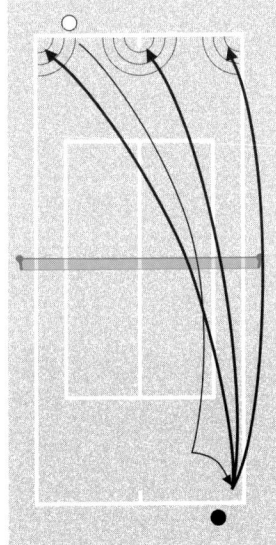

Step 2

応用練習

Step3 前後左右にフットワークして、一定のコースへ打つ練習

●――練習の行い方
●陣型
1. クロス、ストレートの陣型で、前後左右に移動して、打つコースを決めてねらい打ちする
2. それぞれの陣型で、左右にロビングで振って、コースを決めて正確に返球する

●あげボールの出し方
1. 余裕のあるボール
2. 球足の遅い、高くあげられたボール
3. ロビングあるいはシュートで打たれたボール

●ボールの種類
1. シュートボール
2. ロビングボール、中ロブ

●――バリエーション
1. 1本打ちの練習から連続打ちの練習へと発展させる
→定位置で1本ないしは2本打った後、移動してストローク。また、その場にポジションをとって1～2本打った後、逆に移動してストローク
2. 静的な目標をしっかり決めて、長短、高低、スピードに変化をつける

Step4 移動フットワークをして、コースを打ち分ける練習

●――練習の行い方
●陣型とあげボールのコース
1. 正クロスでストレート
2. 逆クロスでストレート
3. 右ストレートでクロス
4. 左ストレートでクロス

●あげボールの出し方
　ゆっくりした余裕のあるボールから、速い余裕のないボールへ

●球質
1. シュートかロビングか
2. シュートは長さ、ロビングは高さを考える
3. 打つコースはクロス、ミドル、ストレートと目標を決める

●――バリエーション
1. 移動しながら、自分自身で打つコースを決めて、「クロス、ミドル、ストレート」と声に出して打っていく
2. 他の人に後ろに立ってもらい、「クロスへロビング」「ストレートへシュート」というように、指示に従って打っていく
→指示を出すタイミングを少しずつ遅らせて、ボールがバウンドする瞬間まで対応できるように練習する

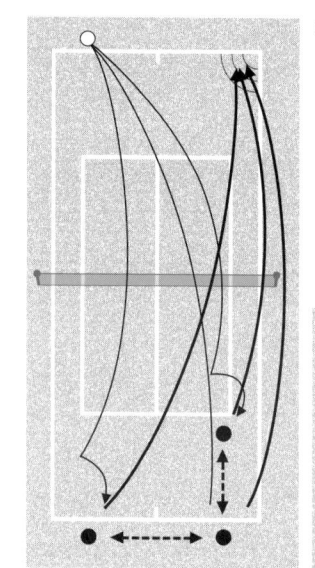

Step 3

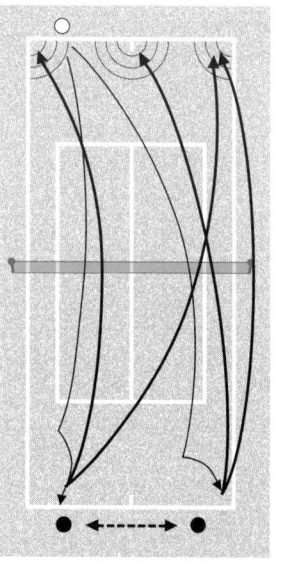

Step 4

実践練習

Step5 相手後衛と打ち合う練習

●──練習の行い方
●陣 型
1. 正クロスの陣型で、相手の½のコートの中に、コース、球質、スピード、長さを考えて打ち合う
2. 逆クロス、右ストレート、左ストレートの陣型で打ち合う

●球 質
　攻め、つなぎ、守りを考えて、相手が少しでも体勢を崩すような配球を考える

●──バリエーション
　次のような約束練習を取り入れながら、実践にもっていく
1. 片方が受け身で、もう一方が能動的に打ち合う約束練習
2. 片方がロビングだけで、もう一方がシュートだけで打ち合う
3. お互いがシュートだけ、あるいはロビングだけで打ち合う
4. シングルスゲーム（10点先取または4ゲーム先取）

Step6 相手前衛を攻撃したり、かわしたりする練習（対前衛技術）

●──練習の行い方
●陣 型
1. 正クロスの陣型で、相手に前衛をつけてお互いに駆け引きを考えながら、相手の後衛と打ち合う
2. 逆クロス、右ストレート、左ストレートの陣型で行う

●あげボールの出し方
1. 最初は一定したボールを送る
2. シュート、ロビングを組み合わせ、コースも少しずつ揺さぶる

●球 質
　いろいろなコースに、いろいろな球質で打ち分けができるようにする

●──バリエーション
1. 駆け引きの練習として、最初は約束練習をし、実践的な動きを取り入れていく
　◇相手前衛がクロスにモーションをとる
　・クロスにロビング返球
　・ストレートにロビング返球
　・ストレートにシュート返球
　・クロスへサイドラインいっぱいに絞る返球
　◇相手前衛がストレートにモーションをとる
　・ミドルにシュート、あるいはロビング返球
　・ストレートにロビング返球
2. 静的な目標をしっかり決めて、長短、高低、スピードに変化をつける

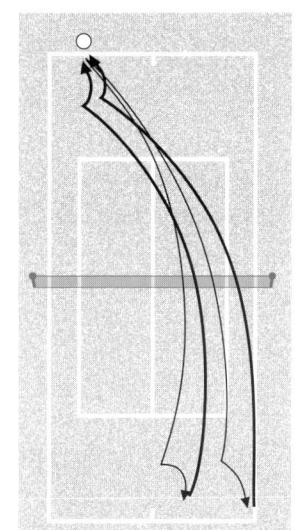

Step 5

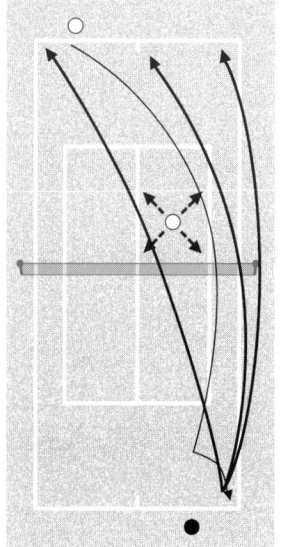

Step 6

Chapter2：ソフトテニスの技術／3. サービス

3
サービス

1．サービスの基礎知識

　サービスは自分の意志で自由な構えから打球できる唯一の技術である。また、インプレーに入るための最初の技術でもあり、ファーストサービスとセカンドサービスからなる。ファーストは攻撃性が高く、相手の弱いところをねらい、コンビプレーやサインプレーができ、ゲームの主導権を握ることができる。またセカンドは、攻撃性よりも安全性を優先するサービスであり、相手にレシーブ攻撃されにくいものであることが望まれる。

　初級者のサービスでは正確性が必要であり、中級者から上級者になるにつれ、いかに攻撃性を高めていくかが求められる。そのため、以下のような目標を持って練習する必要がある。
　①正確性がある
　②相手の弱点をねらう
　③威力がある（速いスピードと大きな変化）

　このように、安定した正確なサービスを習得することは、ゲームの主導権を握り、勝敗を決定する大きな鍵ともなる。

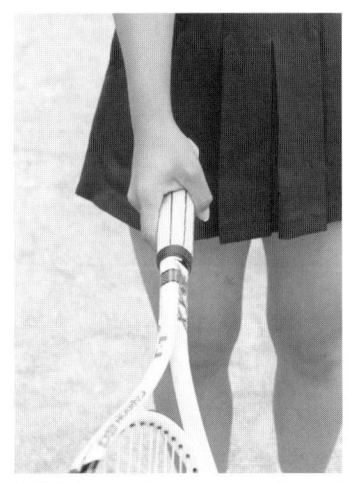

標準的なトップスライスサービス：イースタングリップ

アンダーカットサービス

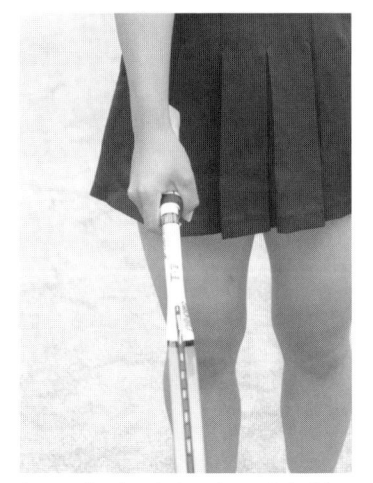

ショルダーカットサービス、サイドカットサービス：多少短めに握る

サービスのグリップ

❶ サービスの種類

サービスは、ボールの回転によって、次のように分けられる。
① フラットサービス……回転が少ない
② トップスライスサービス……強い順回転のひねり
③ リバースサービス……左回転
④ カットサービス（ショルダー、サイド、アンダー）……ボールが大きく変形する強く切った回転

❷ 心理的な要素

サービスにおいては、太陽や風の条件などだけでなく、心理的な要素が多くからんでくる。

心理的な影響が腕、手、指に緊張として表れ、トスのリズムが早くなったり高さが低くなったりというように不安定になることによって、サービスが入らなくなってしまう。ちょっとしたことでリズムを崩して流れを大きく変える原因となる。例えば、リードしているにもかかわらず勝ち急いだために、リズムが崩れて入らなくなったり、逆に負けていて消極的になったために入らなくなったりすることが多い。また、ダブルフォールトをしたら次もまたするのではと、心理的な悪循環にも陥りがちである。

サービスはインプレーの最初のプレーであり、「始め良ければ終わり良し」という考え方で、ゲームでは7～8割くらいの確率をめざしたいものである。

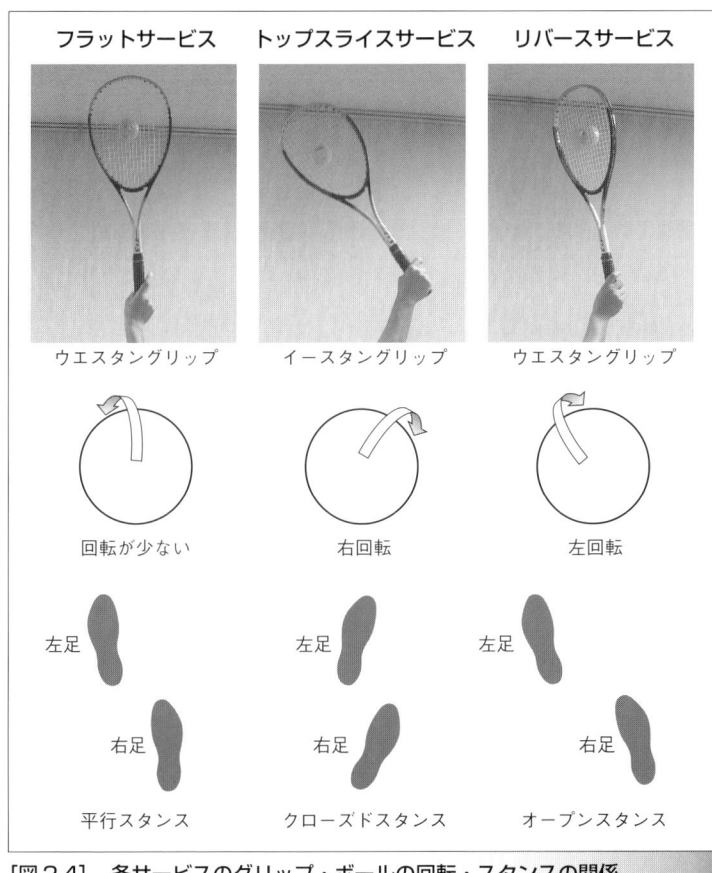

[図2.4] 各サービスのグリップ・ボールの回転・スタンスの関係

Chapter2：ソフトテニスの技術／3. サービス

2. ファーストサービス

❶ フラットサービス

フラットサービスは直線的にボールが飛ぶため、高い打点から強打すれば最もスピードが出るサービスであり、ファーストサービスとして多く使われる。

●基本的な打ち方

- グリップは、標準的なウエスタンあるいはセミウエスタンで握る。打球方向に対して平行スタンス、あるいはややクローズドスタンスで打つのが一般的である。
- トスについては、ボールを右肩やや前方の高いところに放りあげるのが基本となる。
- バックスイングをする右手と、トスをあげる左手は同時に動かしてバランスをとり、大きく膝を曲げて肩を入れ、ためをつくる。高い打点に向かってラケットを振りあげ、膝、および腰を伸ばしていく。
- インパクトでは、肘を伸ばし、厚いラケット面でグリップをあまり強く握らないようにするとラケットヘッドが走り、スピードが増す。また、左手を意識的に振り下ろすことで肩の回転がスムーズになり、右肩が前方に突き出されることによってもラケットスピードが増すことになる。

●初級者は

コントロールを主体に考えて、自分の持っている力の6～7割くらいの力で、ラケット面をまっすぐに振り出す打ち方を練習し、フラット面で当てる感覚をつかむようにする。まず、スピードを求めるよりも安全性を大事にして、プッシュサービスを覚える。徐々にラケットをスイングさせてフラットサービスを身につける。

●中・上級者は

セミウエスタンあるいはイースタングリップで、フラットの面でボールをとらえる感じをつかみながら、コースの打ち分けができるように練習する。

◎フラットサービス

1 ①ややクローズドスタンスで構え、トスアップ

2 ②膝を十分曲げて、バックスイングしながらためをつくる

3 ③ためられた膝を伸ばし、後ろにおかれたラケットを下に振り出す

◎ファーストサービス

初級者はまずプッシュサービスの練習から始めよう

4 **5** **6**

④インパクトの瞬間、ラケット面でボールをヒットする　⑤⑥ラケットはそのまま前に振り出され、前進フットワークに結びつけていく

51

❷ トップスライスサービス

　トップスライスサービスはボールの右斜め上をこするように打つため、ボールが右から左へカーブし、ネットを越えてからドロップするサービスである。また、スピードもかなり出るため攻撃的で、このトップスライスサービスがファーストとして主流となっている。また、体の機能上無理がなく、力学的にも適したサービスといえる。

● 基本的な打ち方
- グリップはイースタンで多少長めに持ち、クローズドスタンスで構える。
- トスを左肩前方にあげて、上体を左腰に乗せるように反り、左足に重心をかける。左足は体の軸になるので、左足、左腰、左肩に壁をつくるような感じで極力動かさないように心がける。
- トスは、肘を伸ばし、手のひらの真ん中で押しあげるようにして、目の高さぐらいでボールを離す。自分の身長くらいの高さにトスをあげ、膝を中心として体の十分なためをつくることによって、力強いサービスが可能となる。
- しっかり曲げられた膝に打つ力を貯えて、肘、手首、ラケットの順に時間差で振り出されることによってラケットヘッドが走り、スピードが生まれる。ボールの右斜め上をこするようにしてリスト（手首）をきかせて打つ。このときラケットを斜め上に放り投げる感じでスイングする。

● 初級者は
　ウエスタングリップでフラットサービスが打てるようになったら、グリップをややイースタンに持ち替えて手で打ってみる。このとき、それまでのフラットサービスの感覚のままで自然に打てる場合もあるが、左方向に飛びやすくなるので、ピッチングのカーブ回転を意識させながら身につけていく。グリップがイースタンになればなるほど、スタンスはクローズドになり、より体の回転やひねりを使えることになる。

● 中・上級者は
　フラットサービスをある程度身につけたら、積極的にグリップをイースタンに持ち替えて、より回転を意識した力強いサービスをマスターする。握力、リストの力、背筋力など、体力のない人でもトップスライスサービスを取り入れることを勧めたい。

◎ トップスライスサービス

1 ①リラックスした状態をつくり、集中する

2 ②後ろ足に重心をかけた状態でトスをあげ、目の高さあたりでボールを離す

3 ③トスをする左手は伸ばしたままで、ゆっくりと大きくトスアップ。同時に、左足に体重が移されていく

4 ④膝を柔らかく曲げて、ためをつくる

◎ファーストサービス

❸──リバースサービス

　リバースサービスは、野球でいうシュート回転の要領で行う。スピードはあまり出ないが、左から右に曲がるので、相手のバックハンドをねらう場合に有効である。フラットサービスを練習している過程で、女子選手や初心者は自然にそうなるケースが比較的多く、腕力や背筋力の弱い人に向いているサービスである。

●基本的な打ち方
- グリップはウエスタン、スタンスはややオープンスタンス。
- リバースサービスのトスについては、ボールを右肩のやや斜め前方の高いところにあげる。
- インパクトはボールの左斜め上をこするように打つ。

●初級者は
　この段階では、あくまでフラットサービスの基本を身につける。意識的にリバースサービスを覚えるのではなく、結果的にリバースになるケースが多いので、それを修正するのも大切だが、初期の段階では自然に任せることも必要である。

●中・上級者は
　フラット、トップスライスに加えて、意識的にリバースサービスにも挑戦することを勧めたい。ボールの回転のさせ方も幅広く練習し、オーバーハンドでのスピードと多様な変化を身につけると、ゲームで有効性を発揮する。

力のないジュニアはリバースサービスを覚えよう

⑤十分にひねった腰を一気に解放させて、フォワードスイングが開始される

⑥伸びあがる力とともに、ラケットが一気に上に振り出される

⑦左足－右肩－ラケットを結ぶ線は、インパクト時に一直線となる

⑧膝をしっかり伸ばしてダイナミックに左足で蹴り上げ、右足が着地。ラケットは左足下に振り抜かれる

Chapter2：ソフトテニスの技術／3. サービス

❹ アンダーカットサービス

アンダーカットサービスは、強力な回転を加えることによって不規則な打球を生み出し、相手の体勢を崩す攻撃的なサービスであり、ファーストサービスとして使われる。

逆回転を加える攻撃的なサービスは高度の技術を必要とするため、まずはフラットサービスを身につけたうえで挑戦することを勧めたい。しかし、子どもの頃の神経系の発達は著しいので、カットサービスの切れは時期が早いほど鋭いものになる。卓球のサービスもいろいろな変化が要求されるが、ソフトテニスにおいても、ボールが柔らかい特性を利用して、遊び感覚で多様な変化を追求することも課題となる。

●基本的な打ち方

- 安全性の高いアンダーカットサービスの打ち方は、イースタングリップで、ラケットを普段より短く持ち、オープンスタンスで構え、膝を十分に曲げる。低い位置から、手首が肩の高さにくるまでバックスイングし、膝のやや上でボールを離すようにトスする。
- ラケットを上から下へ振り下ろす感じで、インパクトは膝の下くらいの位置。ラケットは縦面で、左側に振り抜くようにカットする。
- 膝を伸ばさないようにして体重を右足から左足に移動させ、ラケットは左肩へ振りきられる。このとき、グリップにはあまり力を入れず、ラケット面を薄く使うよう心がける。また、ボールをカットするとき、ラケットにボールを乗せるような感じを強く意識し、ヘッドスピードを調整することによって、バウンドした後の変化を感覚的に覚える。

●初級者は

オーバーハンドサービスをある程度マスターした段階で、変化を求めるカットサービスに挑戦するのが望ましい。ショルダーカット、あるいはサイドカットサービスを身につけたうえでアンダーカットに挑戦すると、ボールをカットする感覚をつかみやすい。

◎アンダーカットサービス

1 ①ラケットはイースタングリップで短く持ち、オープンスタンスで構える

2 ②後ろ足に体重を乗せながら、頭の高さあたりまでバックスイング

3 ③トスは腰と膝の中間ぐらいにあげる

4 ④後ろ足から前足へ体重移動を開始し、ラケットを振り出す

◎ファーストサービス

● 中・上級者は

　トップスライスサービスとの組み合わせでアンダーカットサービスを使えるようにすると、ゲームで有効性を発揮する。

バックハンドのアンダーカットサービス

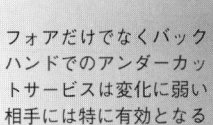

フォアだけでなくバックハンドでのアンダーカットサービスは変化に弱い相手には特に有効となる

5
6
7

⑤ラケットの先端を右から左へシャープに振り出し、ボールの手前下部を鋭くカットする

⑥後ろ足から前足へしっかりと体重移動し、前足の膝と腰を壁にしてラケットを頭の上に振り抜く

⑦インパクト後はラケット面を崩さずに、そのままフォロースルー、フィニッシュ

Chapter2：ソフトテニスの技術／3. サービス

3. セカンドサービス

❶ ショルダーカット、サイドカットサービス

　ショルダーカット、サイドカットサービスともにセカンドに多く用いられるサービスで、安全性が高いサービスである。アンダーカットに比べて高い打点で打つため、ボールがより直線的でスピードも多少速い。また、バウンドした後、アンダーカットサービスのように左右に大きく変化するのではなく、ボールの勢いがなくなり「止まる」といった感覚である。

　このサービスでも過回転を加えることによって、攻撃的なサービスを打つことが可能であるが、あくまでも安全性を要求されるセカンドサービスを想定しての打ち方を身につける。

●基本的な打ち方
- イースタングリップでラケットを普段より短く持ち、肩幅よりやや狭いオープンスタンスか平行スタンスをとる。
- ラケット面を上にし、グリップが肩の高さあたりにくるようにバックスイングする。
- トスは小さくあげて、肘を曲げて脇を締め、ラケット面を上にしたまま前方に振り出す。
- 打点は肩から腰の高さで打つ。ボールをラケット面に乗せて運ぶような感じでインパクトし、押し出すように振り抜いていく。

　なお、ここではサイドカットサービスの連続写真を載せているが、打点が異なるだけでショルダーカットサービスも同じ要領で行うことができる。

●初級者は

　まず100％入るサービスをマスターする。ウエスタングリップでプッシュサービスを覚えて、その後イースタングリップに替えてカットを覚える。カットはラケットの薄い面でシャープに振ることによって、その切れが増す。カットの強弱によって微妙に変化が異なることを体で感じて覚える。

●中・上級者は

　ダブルファーストのサービスをより強力にしていくことと、ショルダー、サイドの切れをシャープにしていくことが課題となる。

◎サイドカットサービス

①グリップはイースタンで、やや短めに持ち、

②腰を柔らかく使って、低いトスをあげる

◎セカンドサービス

❷──アンダーカットサービス

ある程度の回転を与え、相手に攻め込まれないようにする安全性の高いサービスである。比較的、セカンドサービスとして多く用いられる。

特徴としては、ボールの左斜め下を切るように打つため、ボールが変則的で低いバウンドをする。バウンドが低いほど有利であり、サーフェスによっては特に有効なサービスとなる。

◎アンダーカットサービス

1 **2** **3**

サウスポーのアンダーカットも有効である。ペアのどちらかが使うと、変化の違いに相手を混乱させることができる

5 **6** **7** **8**

⑤⑥後ろ足から前足に体重移動しながら、ボールの右斜め下をカットする

⑦⑧ラケット面を崩さずに、そのままフォロースルー

57

Chapter2：ソフトテニスの技術／3. サービス

Q&A
サービス

Q1 初心者が覚える最初のサービスは？

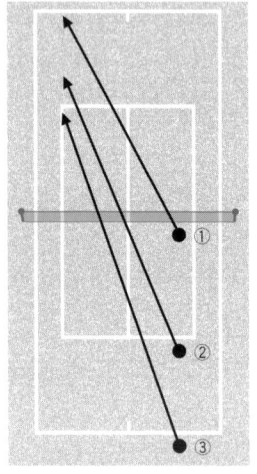

初心者向けのサービスの練習法

A 筋力の関係から、一般的には男子はスライスサービス、女子はフラットサービスから入るのが望ましいといわれるが、力がない者でも積極的にスライスサービスに挑戦することを勧めたい。

まずは、トスアップの練習（肘を曲げずに腕であげるように）では、右肘をあげた状態からサービスラインのあたりで打ち始め、徐々に位置を下げていく。また、正面を向いた状態から行い、徐々に左肩をひねって打てる状態をつくっていく。

初心者に向いたサービスの練習法として、ネットを越そうという意識をなくすために、次のような順序で練習を進めるとよいだろう。
①ネットの位置からベースライン後方を目標に打つ練習
②サービスラインの位置からベースラインの内側に入れる練習
③ベースラインの正規のポジションからサービスコートに入れる練習

Q2 打つ瞬間にグリップが動いて力が抜けてしまうのは？

A サービスの善し悪しは、トスを正確にあげられるかどうかによって決まる。打つタイミングをとりやすい安定したトスができるようになるまで練習する。サービスが入らないことにはゲームが成り立たないので、まずは安全性の高いセカンドサービスから覚え、ファーストサービスへと段階的に練習することが大切である。

ボールが一定の位置にあがらないのは、手首を使ったり、肘を曲げたり、一定の高さでボールを離すことができないからである。トスは利き腕ではないほうの肘をまっすぐに伸ばしながら、手首を使わないで手のひらでトスアップしていき、目の高さあたりでボールを離すのが目安となる。肩の位置よりも下で離すと体の前に落ち、目の位置よりも高い位置であればトスは体の後方にあげられてしまう。トスした腕はそのまま打球地点にできるだけ高くあげていく。

トスの練習は、ボールをポケットに入れておけば、コート外でもわずかな時間やちょっとした場所でできる。練習法として、トスをするほうの腕を伸ばしてボールをあげ、そしてそれを打たずに地面

◎サービスのQ&A

に落とし、しかもそれが左足の前に印をつけた円の中にいつも落ちるよう心がける。サービスはトスの安定によって6～7割方決まってくる。

肘を曲げるトス　　　　ボールをつかんでトス　　　　正しいボールの持ち方

Q3 ボールとの間合いのとり方がうまくいかないのですが？

A サービスでは、膝をうまく使うことによってボールに力が加わり、スピードが生まれる。

　膝をうまく使うためには、最初の構えが大切になる。重心は右足にかけ、膝を少し曲げて柔軟に保って構えることが大事である。その後トスをあげる動作と同時に、ラケットの先端を下に向けながら右肩後方にかつぎ、そのとき重心は左足にかかり、両足の膝が深く曲げられてためがつくられる。インパクトの瞬間に重心はさらに左足へと移り、バランスが保たれ、曲がっていた膝を伸ばすことによって利き腕を高く伸ばし、高い打点でボールをヒットする。打球前の膝の曲げが力を加えるためとなり、これが腰のひねりを使うことになる。同時に肩の回転をスムーズにする。

サービスでは膝を十分に使うことがポイントとなる

Chapter2：ソフトテニスの技術／3. サービス

Q4 サービスのスイングは直線、円形のどちらが望ましいですか？

A 直線スイングとは、ラケットを体の前から振りあげ、いったん停止して前に降り下ろすスイングである。肩の線が打つ方向に対して平行になりやすいので、肩のひねりを使いにくく、ボールにスピードを加えにくいという欠点がある。また、膝が伸びやすく、ためがつくりにくい。

　円形スイングとは、ラケットの先端を下げて、円を描きながらゆっくりリズミカルに肩にかつぐようにするスイングである。ボールをとらえようとするとき、高い位置に素早く振りあげ、フォロースルーでは大きく、できるだけ腕を伸ばして振り下ろされていく。肩のひねりを使った自然なリズムとタイミングの調和した理想的なスイングとされている。また、ボールに回転を与えるのに適している。

　初心者の段階では、まず直線スイングから始め、ある程度正確にボールがコートに入り、またゲームの形ができるようになってから、だんだんと円形スイングを覚えていくのが一般的である。ただし―

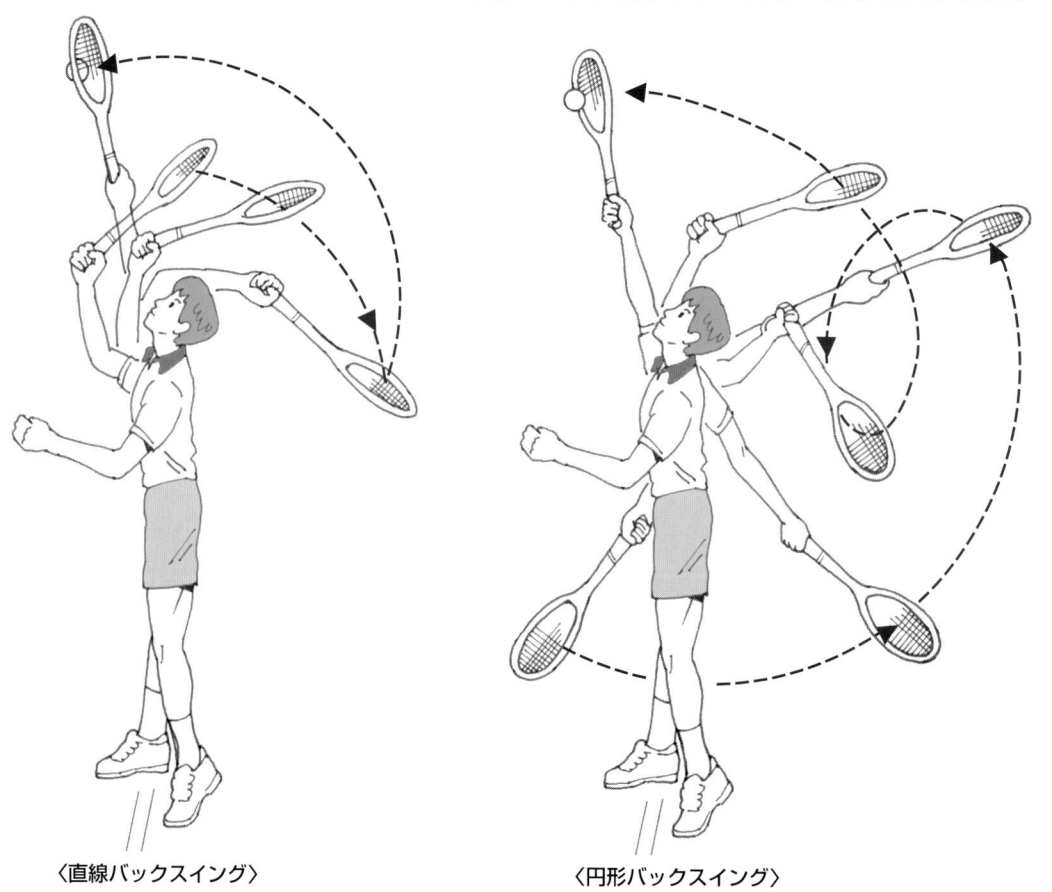

〈直線バックスイング〉　　　　〈円形バックスイング〉

度リズムを覚えてしまうと、トスの高さを変えるのと同じように、スイングを変えることは難しいことを心しておく。直線スイングはスピードよりも正確性を、円形スイングはよりコースとスピードを強調したものといえる。中級、上級者はより力強い円形スイングをマスターしていきたい。

Q5 セカンドサービスでバウンドが高くなるのですが？

A セカンドサービスは、まず安全に入ることが第一で、次に攻撃されないこと、さらにはレシーバーが受けにくいことが求められる。一般にショルダーカットサービスが用いられ、相手が受けにくいことを主眼にする場合にはアンダーカットサービスが使われる。

ボールが弾んでしまうのは、ラケット面がフラットに当たり過ぎることが考えられる。カットサービスの特徴である、ボールを切るように打球するコツをマスターする必要がある。

セカンドサービスの練習はとかくおろそかにされがちであり、ファーストとセカンドに極端な差をつくっている。女子選手には、変化、スピードに対する判断やフットワークの遅れが多く見受けられる。セカンドのスピードサービスは正確性が低いので難しく、特にカットサービスで変化をつける練習が望ましい。

Q6 サービスの練習で気をつけたいことは？

A サービスで大事なことは、集中力とトスの正確性である。トスをあげるときに余計なことを考えたり、しっかり構えずにふわふわした気持ちで行うと、リズムやタイミングを狂わせ、バランスをも失ってしまいがちである。

ゲームでは精神的に動揺し、精神の集中力、冷静さに混乱が生じ、トスをあげる左手に緊張をもたらし、トスが狂ってしまう。サービスが入らなくなると、他のストロークにまで影響を及ぼす。とかく練習のための練習になりがちであるが、ゲームのことを常に想定して、1本全力で強打して入らなければ、次は7～8割ぐらいの力でとにかく入れることを考える。次第にリズムをつかめば、また全力で打つという練習をする。リズムをつかむことによってバランスのとれたサービスが可能になってくる。

また、何本中何本入るか常に確率を考えて練習し、7～8割以

Chapter2：ソフトテニスの技術／3. サービス

上は入るようなサービスをマスターすることが大切である。また集中力を養うために連続何本か入るまでは終われないような練習も効果的である。ゲームのときはサービスからラリー、またサービスからラリーという時間的な間隔があるため、間をとりながらの練習も必要となる。例えばサービスをして5歩から6歩動くとか、サービスをして1本トップ打ちをしてまたサービスをするというようなことも考えるべきである。

　サービス練習では、ゲームでの力の配分を考えることも大切である。ボールカウントが2－2のときには、ファーストサービスはスピードよりもコースを考えた確率の高いものが要求される。

　サービスというのは、次のレシーブ返球に対して反応するところまでをいうのであって、その動作が習慣化されなければ意味がない。

Q7 サービスのコースのつくり方はどう考えればよいでしょうか？

A ファーストサービスの場合、後衛サイドではセンターを基準にしながら（左足ねらいで回り込ませる、バックで打たせる）、時にクロスに厳しくねらう。並行カウントでは攻められにくいコース、すなわちスピードを落としてもセンターねらいにして（レシーバーの左足ねらい）フォアに回り込ませる形をつくることが大切である。

　前衛サイドでは、レシーブ返球に対してセンターにオープンスペースをつくることを考えながら、クロスに厳しくねらっていき、時

前衛サイドへのサービス。前衛サイドでポイントに結びつけるにはファーストサービスを確実に入れ、3球目攻撃をしよう

にセンター寄りにねらうのが一般的である。セカンドサービスでは、両サイドともセンターを基本とする。

実際のゲームでの攻め方として、相手の特徴、くせを考えた戦法が必要となる。

オープンスタンスで流し打ちの得意な選手の場合には、最初の1本目にクロスから入るのもひとつである。クロスに打たれた場合はクローズドスタンスになり、クロスへ返球することを心がける。その返球を味方前衛がポーチするチャンスが生まれる。また意表をついたクロスであれば、クロスに返球するのが一般的といえる。

心理的に追い込まれたとき、勝負をするタイプとていねいになるタイプがある。その特徴を考えながらコース設定をし、前衛とのコンビネーションをつくっていくことが大切である。

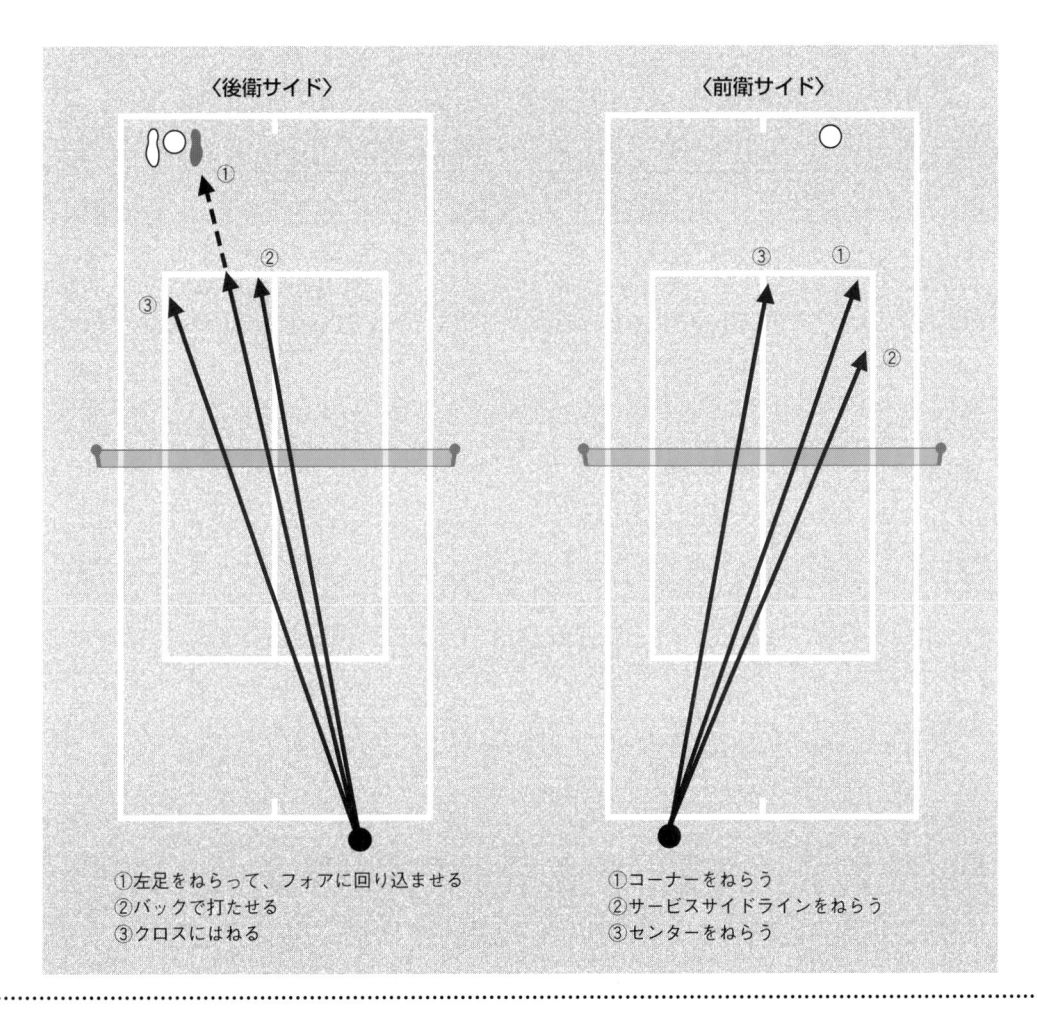

〈後衛サイド〉
① 左足をねらって、フォアに回り込ませる
② バックで打たせる
③ クロスにはねる

〈前衛サイド〉
① コーナーをねらう
② サービスサイドラインをねらう
③ センターをねらう

◎ サービスの練習法 ◎

基本練習

Step 1 定位置から一定のコースへ打つサービス練習

● ――練習の行い方
● サービスの段階
1. サービスラインから打つ
2. サービスラインとベースラインの中間から打つ
3. ベースラインから打つ

● サービスの種類
1. フラットサービス
2. トップスライスサービス
3. リバースサービス

● ――バリエーション
● サービスのコツをつかむ3つのステップ
1. トスをあげるとき、ラケットを持つほうの手も一緒にあげて"バンザイ"のような動作でトスすると同時に体を反る練習
2. 体の反りでできた力を利用して、頭の少し上ぐらいの打点で軽くボールを打つ練習
3. 1、2の繰り返しで、リズムと体の使い方の基本をつかみ、少しずつ打点を高くして打つ練習

※注：初めはフォアハンドストロークと同じグリップで練習し、タイミングやリズムを身につけたらグリップを替えて練習しよう

応用練習

Step 2 定位置からコースをねらって打ち分ける練習

● ――練習の行い方
● レベル1
・技術レベルによって、サービスエリアを2等分あるいは3等分にする。白ラインを引いたり、コーナーに空き缶やラケットカバーを置いたりすると、目標

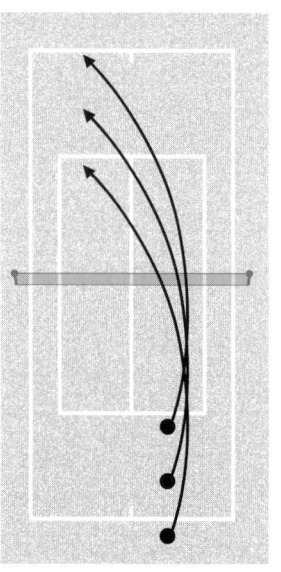

Step 1

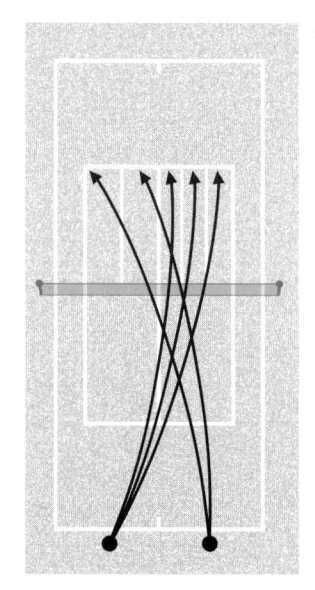

Step 2

が見やすく、ねらいがつけやすい
- 50球中ねらったゾーンに入った数をチェックし、その確率を毎日記録する習慣をつける

●レベル2
- ファーストサービスの練習では、レシーバーがいることを想定して(あるいは実際に立ってもらい)、相手の左足をねらう
- ボールの回転（インパクト後とバウンド後）には、十分注意する。ボールに色をつけてみるとよくわかる

実践練習

Step3 レシーバーとパートナーを入れての練習

●──練習の行い方とその条件
●ポーチしやすいコースへファーストを入れる
　（コート図参照）
〈条件〉
　①ファーストはミドルへ
　②レシーバーは回り込んで、クロスへレシーブ
　③前衛はタイミングよくポーチボレー
●誘いのボレーをしやすいコースへファーストを入れる
〈条件〉
　①ファーストはクロスへ
　②レシーバーはストレート、またはミドルへレシーブ
　③前衛は守りの動きの中で、ストップボレー（ストレート押さえとミドル押さえ）
●ロビングをあげさせるようなファーストを入れる
〈条件〉
　①レシーバーの正面か、左足元へ速いファースト
　②レシーバーはミドルへ浅めのロビング
　③前衛は相手の位置をよく見てスマッシュ
　＊この3球目攻撃を確実にすると、攻撃のパターンの幅ができる

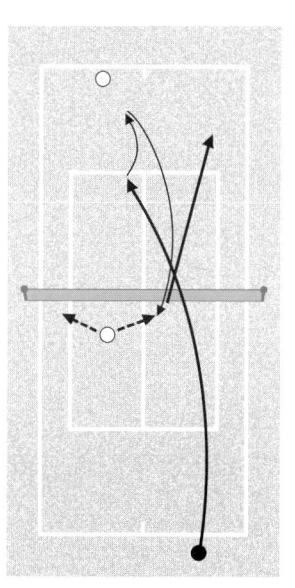

Step 3

4 レシーブ

1. 後衛のレシーブの考え方

　一般に、ファーストサービスのときはサービスサイドに、セカンドサービスのときはレシーブサイドに攻撃権がある。レシーブサイドでそのゲームをものにしていくためには、ファースト、セカンドサービスにおける攻防の考え方をしっかり持っておかなければならない。

　多くの試合を通していえることは、前衛のレシーブよりも後衛のレシーブのほうが強打することになるので、ポイントにもつながればミスにもつながりやすいという傾向がある。これは後衛のレシーブが前衛に比べるとカウント的に楽な場合が多いため、またグラウンドストロークの調子のバロメーターにするためといったことが考えられる。

1 ファーストサービスに対する考え方

　後衛のレシーブの待球位置はサービスの種類によって変わってくるが、一般には図2.5のようにベースライン付近に位置し、フォアハンドで打球できる準備が常に必要である。

　ファーストに対するレシーブは思いきり振り抜いて返球するとミスが出やすいので、返球場所をよく考えて小さなスイングで相手の深い位置に打球する。これによって前衛は、次の相手打球をポーチ、あるいは誘ってポイントに結びつけることができる。強打することでもサービスを破り、コンビネーションの形が生まれるが、サービスサイドにしてもレシーブミスを誘ってやろうとか、緩いレシーブが返球されたら前衛にアタック攻撃しようなど、サービスの打つコースを考える。

　レシーバーとすれば、正確にレシーブの深さを考えて、できるだけミスをしないよう心がけることが大切である。サービスによって難しい打球とやさしい打球をより早く判断して、レシーブの攻撃・防御

を考えていかなくてはならない。

　特に、サービスのコース、スピード、長さと相手前衛のポジション、そしてカウントによって確実に返球していくのか、攻撃していくのかを瞬時に判断することが大切である。無理をしてミスにつなげるのは極めて望ましくない。

　難しいサービスに対しては、より安全性を考えた後衛の前にあげるロビングが必要になってくる。そして、そのつなぎから次の展開に結びつけていく気持ちのゆとりは、メンタルな要素を持つソフトテニスには欠かせない。また相手前衛としては、いいサービスが入れば積極的に動いてくることが予想される。カウントを考え、ここというときは「目をつぶる」気持ちで、思いきって前衛をアタック攻撃あるいはサイドパッシングすることも必要になってくる。

　サービスからのレシーブ練習において、自分がゲームで大事なときに前衛にとられたこと、あるいはネットミスをして負けたことなどをとかく忘れて練習するものである。

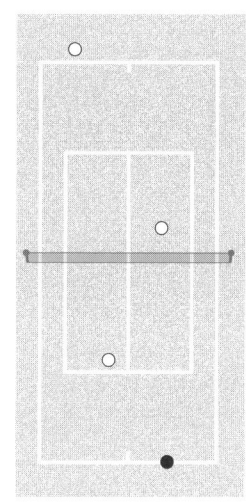

ファーストサービスではサービスサイドが主導権を握ってはいるが、苦い経験を思い出して、簡単にミスをしないようなレシーブ練習をすることが大切である。

2　セカンドサービスに対する考え方

　セカンドサービスはスピードがないので、積極的に攻撃し、味方あるいはパートナーがポイントに結びつく攻撃ができるよう、練習時には課題を持って行うべきである。セカンドサービスに対するレシーブは一番簡単に最短距離でポイントにつながる武器であり、レシーブサイドでゲームをとるために重要となる。

　セカンドサービスの待球位置は、図2.6のようにミドル寄りに位置し、フォアでレシーブすることを心がける。

　相手後衛のサービスの場合（図2.7）と相手前衛のサービスの場合（図2.8）のレシーブの種類をコート図で示した。

　前衛のポジションへの攻撃ではセンター攻撃、前衛アタック攻撃、サイドパッシングがある。これらは相手前衛にとられる危険性もあるが、1本でポイントできる攻撃となる。相手のセカンドサービスのバウンド、相手前衛のポジション、ゲームの流れ、大事なカウント、相手前衛の態度、表情、雰囲気などを考えて、打点を落とさずに高い打点でレシーブすることが大切である。打球後は相手

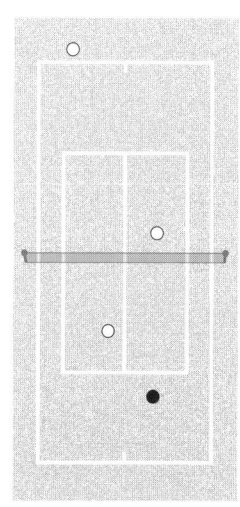

[図2.5]
ファーストの待球位置

[図2.6]
セカンドの待球位置

Chapter2：ソフトテニスの技術／4. レシーブ

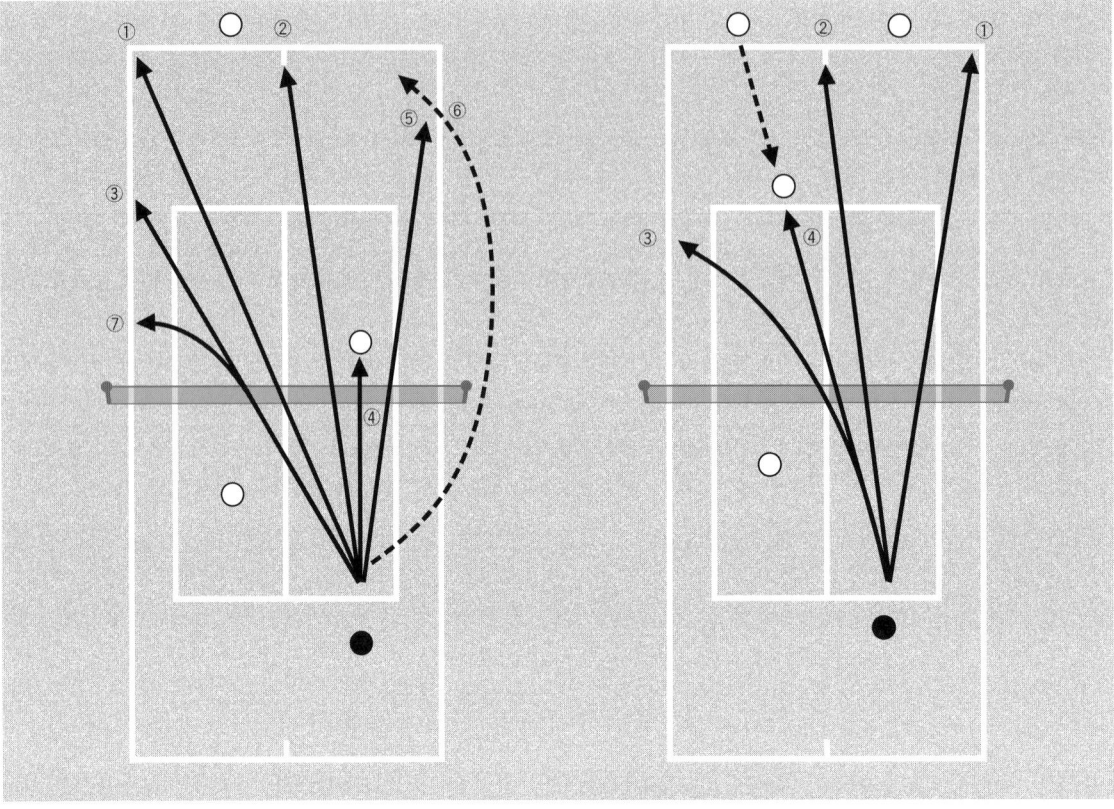

[図2.7] 相手後衛のセカンドサービスの場合
①コーナーへ厳しく　　　⑤サイドパッシング
②センターへ攻撃　　　　⑥ストレートのロビング攻撃
③角度のあるレシーブ攻撃　⑦ツイスト攻撃
④アタック攻撃

[図2.8] 相手前衛のセカンドサービスの場合
①相手後衛のストレートへ厳しく
②センターへ攻撃
③スピードを殺した角度づけ
④相手前衛の足もとへの攻撃

前衛のボレーに対するフォロー体勢を必ずとるよう心がける。

　また後衛への攻撃に対しては、コーナーへの深いボール、サイドラインをねらう角度のある攻撃、センターへのバック攻撃、意表をつく短いツイスト攻撃、前衛オーバーのロビング攻撃などが考えられる。

　レシーブの攻撃場所によって、後退ポジションは微妙に変わってくる。相手後衛のラケット面、スタンス、腰の姿勢などを見て、返球コースを判断するよう心がける。また、レシーブ後の後退フットワークはバックステップで素早く敏捷に行うことが大きなポイントになる。

2. 前衛のレシーブの考え方

　前衛のレシーブは、後衛とは違って重要なカウントのときに迎えることが多く、そのレシーブの善し悪しによって、そのゲームをものにできるかどうかが決まる。特に1─2、2─3、アドバンテージのような重要なカウントでは、精神的に非常に緊張し、圧迫された状態になり、ここ一番のメンタル面での強さ、平常心、冷静沈着なプレーが要求される。

◎前衛のレシーブの考え方

1 ファーストサービスに対する考え方

　前衛のレシーブの待球位置は、一般的には図2.9のようである。セカンドサービスの場合はいろいろと攻撃をつくっていくことができるが、ファーストサービスの場合は余裕がなく、しかもネットにつけずに隙を大きくつくることになり攻撃されやすい。練習の中でしっかりしたレシーブ返球の考え方を身につけておく必要がある。

　普段の練習では、威力のあるファーストサービスでも難なくバックハンドでシュートボールを返球することが多いが、ゲームでは相手前衛のポジションやモーションが気になり、しかも大事なカウントだけにそう簡単にはいかない。したがって、練習時に大事な状況のときのレシーブ返球のパターンをつくっておくことが大切である。例えば、後衛のほうに確実に返球できるレシーブ、センターへの大きなロビング返球、バックハンドでサイドパッシングなどをしっかり練習することによって、ゲームでは次にどこに返球するのか、的を絞ることができ、自信を持ってレシーブできるはずである。

　ファーストサービスの場合、シュートボールで返球することも大切ではあるが、ネットに早く詰めて隙を小さくするというねらいがある。そのため、ラケットの振りを小さくして、フィニッシュと同時に前傾姿勢の第1歩の足が出る前進フットワークを常に考えてレシーブをつくっていく。特に、高くて深いロビング返球は効果的である。

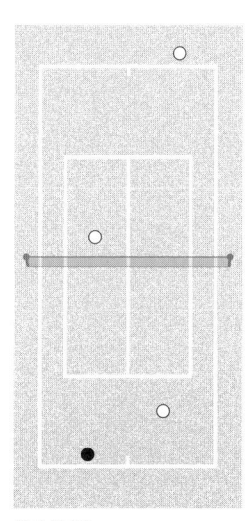

[図2.9]
ファーストの待球位置

2 セカンドサービスに対する考え方

　前衛のセカンドレシーブのミスは、最も慎まなければならないものである。相手にただでポイントを与えるようなもので、サービスのダブルフォールトに匹敵するといってよい。したがって、練習時に100％の確率でレシーブできるようになることが必要である。確実なレシーブをマスターして、その後攻撃してポイントに結びつけるレシーブが必要になってくる。

　前衛の待球位置は図2.10のようであり、相手後衛のサービスの場合と相手前衛のサービスの場合のレシーブの種類をコート図（図2.11、12）で示した。

[図2.10]
セカンドの待球位置

セカンドレシーブは常に攻撃的な気持ちで！

Chapter2：ソフトテニスの技術／4. レシーブ

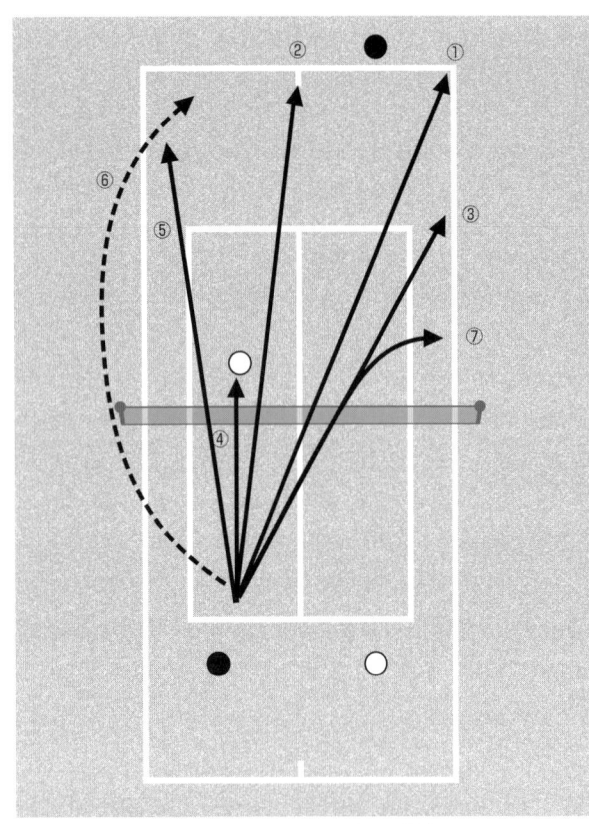

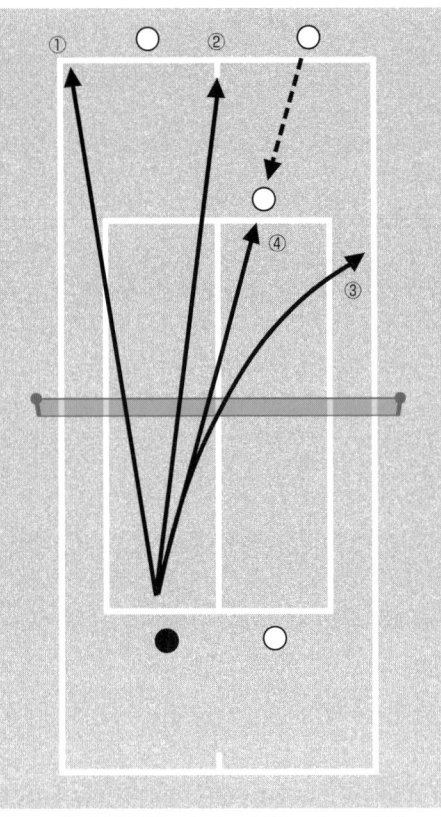

[図2.11] 相手後衛のセカンドサービスの場合
① コーナーへ厳しく　　⑤ サイドパッシング
② センターへ攻撃　　　⑥ ストレートのロビング攻撃
③ 角度のあるレシーブ攻撃　⑦ ツイスト攻撃
④ アタック攻撃

[図2.12] 相手前衛のセカンドサービスの場合
① 相手後衛のストレートへ厳しく
② センターへ攻撃
③ スピードを殺した角度づけ
④ 相手前衛の足もとへの攻撃

COLUMN

コラム　「前衛はレシーブが命」

ファーストサービスに対するレシーブミスや相手前衛にポーチされた場合は、やむをえないことが多い。しかし、セカンドサービスに対するミスは致命的である。

原因としては、重要なカウントだけに心理的なプレッシャーがかかることが考えられる。しかし、大事な場面でポイントしてくれる前衛とミスしてしまう前衛とでは、後衛との信頼関係が全く変わってくる。精神的な強さはゲームの経験とゲームを想定した練習の中で身につけるしかない。

また、技術的には横面で処理する場合にネットミスが多くなるので、ラケットを縦面に使い、下から上にコンパクトなスイングを覚えることが必要となる。

レシーブ力は後衛を助けることができる一番大きな武器となる。

◎前衛のレシーブの考え方

Chapter2：ソフトテニスの技術／5. ボレー

5
ボレー

1. ボレーの基礎知識

2. ボレーの基本

ボールをバウンドさせることなく、ダイレクトに返球する技術をボレーという。

ネット近くで行うプレーはネットプレーとして位置づけられ、その主な技術としてボレーがある。それゆえ、前衛が必ず身につけておかなくてはならない技術である。

打点の高さによって、標準ボレー（ネットの上端から頭の高さまでのボレー）、ハイボレー（頭の高さより高いボレー）、ローボレー（ネットの高さより低いボレー）に分けられる。さらに、スイングの仕方によって、スイングボレーやストップボレーなどが高いレベルで用いられている。

ボレーは、相手後衛の打球コースを予測判断し、いかに瞬時に反応するかが重要であり、瞬発力が必要とされる技術である。ボレー技術が向上すれば、相手の攻撃に対して固い守りができ、自分の攻撃で相手を精神的に威圧することもできる。ネットプレーで相手との駆け引きを楽しめるようになると、ゲームの面白さが倍増する。

❶──正面ボレー

右肩の前でインパクトするボレーを正面ボレーという。正面とは体の前の範囲であるが、あくまで基

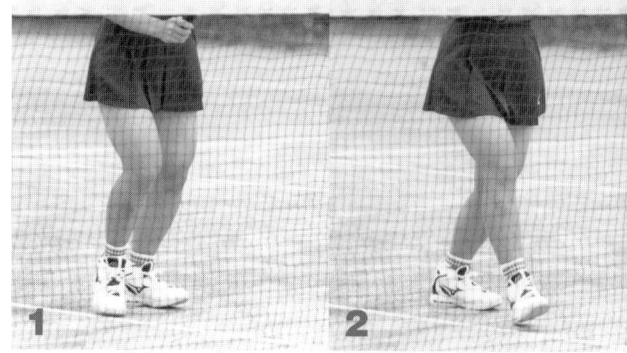

◎正面ボレー ●●●▶

1　2

①膝を緩めて、ゆったりとリラックスした待球姿勢。スタンスは肩幅程度にし、どの方向にも動ける準備をする
②右足を１歩踏み出して

◎ボレーの基礎知識

準となるのは右肩であり、そこを中心に右をフォア、左をバックと定義する。この正面ボレーが最も基本となるボレーである。

●基本的な打ち方
- ネットから1.5～2mぐらいに位置し、スタンスは肩幅ぐらいにして、膝を少し曲げて構える。ラケットは、胸の前で左手をいちょうの部分に軽く添えて、素早く反応できるようにリラックスした状態で待球姿勢をつくる。
- 待球姿勢から、飛んでくるボールに対して壁をつくる感じでラケットをネットに平行にし、右肩の前で肘を支点にして打球方向にラケット面を押し出す。

●注意点
腰の位置が上下動しないように意識して、目線がぶれないようにする。わきが開いて肘が張らないように肩の力を抜いてリラックスし、わきにボールを挟むような気持ちでラケットヘッドを押し出す。このとき、ラケットを振らないように気をつける。

●ゲームでは
自分の体の近くにきたボールを処理する場合や、ボールを自分の近くに誘ってボレーする場合に多く用いられる。またアタック攻撃されたボールを止める場合、多くは足を大きく左右に開いた姿勢で処理するが、この正面ボレーで処理することもある。

●初級者は
正面ボレーを基本どおりこなせるように練習する。特に初心者、初級者の場合はまずボールを怖がらずに、勇気を持って積極的にボールに向かっていく姿勢を持つことが肝心である。

●中・上級者は
応用的ボレーの面合わせとなるので、右肩を中心としながら、右はフォア、左はバックという意識で、細かいステップで柔軟に対応できるようにする。

③軸足を設定すると同時に、ラケットはコンパクトにテイクバックされ、しっかりと軸足に乗ってインパクト
④インパクト後、ラケット面を残したまま、

⑤左足が送り出されて、体のバランスが保たれる

Chapter2：ソフトテニスの技術／5. ボレー

❷ 基本のフォアハンドボレー（1歩でとるボレー）

　右肩を中心に、右方向に飛んできたボールに対して、右足を踏み出してためて処理するボレーであり、基本的に正面ボレーの次に身につけたい技術である。このボレーは、ランニングボレーへと発展していくため、攻撃的ボレーとしての最初の技術となる。

● 基本的な打ち方
- ウエスタングリップで持ち、肩幅ぐらいのスタンスで、左手はラケットのいちょうの部分に添えてリラックスして構える。
- 膝を曲げて踏み出した右足に体重を乗せ、肩、腰のためをつくる。
- ボールを引きつけ、右肘を中心にして、ラケットを打球方向に押し出す。
- 打球後もラケット面を残すことを心がける。

● 注意点
　ラケット面を安定させるために、膝を軽く曲げた状態で腰の高さを水平にしたまま上下動しないようにして移動し、右肘が伸びきる寸前にボールをとらえるようにする。また、ラケットがボールに当たる瞬間にグリップを強く握るようにし、打球後は肘を伸ばして打球方向にラケット面を残し、特にラケットを振らないよう心がける。

● 初級者は
　初期の段階で特に気をつけておきたいことは、インパクトと踏み込み足のタイミングが同時になるのではなく、踏み出し足に体重を乗せて、ためをつくってインパクトすることを意識させる。

グリップは柔らかく握る

基本のフォアボレーでは肩、肘、手首、ラケット面の関係に注意してほしい

リラックスした待球姿勢

◎ボレーの基本

❸ 基本のバックハンドボレー
（1歩でとるボレー）

　右肩を中心にして、その左側に飛んできたボールに対して左足を踏み出してためて処理するボレーである。バックハンドボレーは、体をネットに対して横向きにするだけでバックスイングがほぼ完了し、ボールに合わせてラケットを押し出すだけの動作である。そのため、フォアハンドボレーよりも力を必要としないが、打球の際、フォアよりも横向きになるためにバランスをとるのが難しい技術といえる。

●基本的な打ち方
- ウエスタングリップで持ち、構える。
- 左手でラケットのいちょうを支え、ボールのタイミングに合わせて肩を回し、右肩を入れてバックスイングし、左足に体重を乗せてためをつくる。
- ボールを引きつけ、肘が伸びきる寸前にボールをインパクトする。このとき、ラケットを横に使い、フラット面でボールをとらえる。
- インパクト後は、打球方向にラケット面を残しながらフォロースルーしていく。

●注意点
　ボールを上から見るようにして、腰を落とさないようにする。腰が引けた状態で打球すると、ボールをコントロールしにくく、ラケット面が安定しないためにミスにつながりやすい。インパクトの瞬間、腹部に力を入れて声を出し、気合いを入れることも大切である。

　特にバックの場合、右足を踏み出してボレーする形になることがあるが、それが固まってしまうと、遠いポーチボレーをするために弊害として現れることがあるので注意を要する。

●初級者は
　練習では、リラックスした構えから無理なくボレーできる範囲を知る。フォアに比べてネットに対して横向きになるため、顔の正面にボールがきた場合に恐怖心が生まれやすい。そのため、特に練習では恐怖心を起こさせないようなあげボールを出すための工夫が重要である。

Chapter2：ソフトテニスの技術／5. ボレー

3. フォアハンドボレーの応用

ボレーの応用として、各コースにおいてクロスに飛んでくるボールを押さえるクロスボレーと、ストレートに飛んでくるボールを押さえるストレートボレーがある。

①──クロスボレー

クロスボレーには、正クロスの陣型でとりにいくポーチボレーと、左ストレートの陣型で誘うボレーがある。

● 基本的な打ち方

- リラックスした状態から、スタートのタイミングを合わせる。
- 右足からスタートし、肩の線を約45度に保ちながら、3歩目の軸足が設定される。
- 打点を体（顔）の近くに引きつけるように意識しながら、体の近くにきたボールは縦面で、遠くにきたボールは斜めもしくは横面でとらえるようにする。ラケッ

◎フォアハンドのクロスボレー ● ● ● ▶

1　①待球姿勢から、右足に体重を移してスタート

2　②右足の蹴りから、2歩目の左足が送り出され

3　③ボールとの間合いを図りながら、3歩目の軸足（右足）が設定される

4　④ラケットを少し引く程度で、軸足に乗ってインパクト

◎フォアハンドのクロスボレー（横） ● ● ● ▶

1　①リラックスした構えからスタートし、動く方向に体重移動（1歩目右足）

2　②③フットワークは斜め前に向かう（2歩目は左足）

3

4　④3歩目の軸足（右足）の決定

◎フォアハンドボレーの応用

トを持つ腕を伸ばすと同時に、左腕を後ろに大きく引くように意識してバランスをとる。

● 注意点

構えるポジション、動くタイミング、3歩のフットワーク、最後の軸足に乗ってためる意識、ラケットをフラット面で押し出す感じ、インパクトで最後までボールを注視し、インパクト後も打球方向に面を残すなど、一連のポイントをチェックする。

● 初級者は

いろいろ指摘し過ぎると足が止まってしまうので、自由にのびのびと気持ちよく動かさせることが大切である。そのなかで、軸足に乗ってためを意識できるようにする。

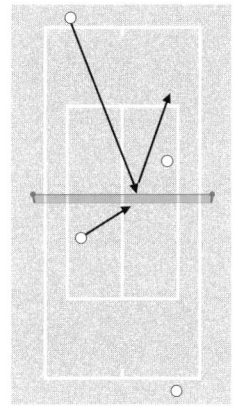

〈正クロス〉 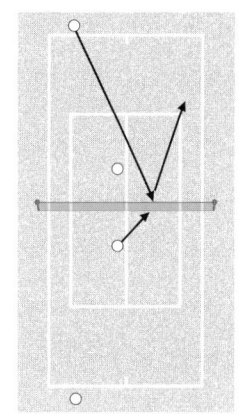　　〈左ストレート〉

⑤⑥ラケット面はフラットでしっかり押し出される。

⑦インパクト後は面を残したまま、左足が大きく踏み出されていく

⑤しっかりと軸足に乗って、ラケットは少し後ろに引かれ、白帯の上でインパクト

⑥インパクト後は大きく左足が送り出される

⑦⑧ボールがツーバウンドするまで視線で追う

Chapter2：ソフトテニスの技術／5. ボレー

❷──ストレートボレー

ストレートのコースに飛んでくるボールに対して、右ストレートの陣型でとりにいくポーチボレーと、逆クロスの陣型で誘うボレーがある。

●基本的な打ち方

クロスボレーと基本的には同じであるが、異なるのはボールをコートの中に入れるため、打点をできるだけ前に意識するとともに、ラケットは斜め、さらには横面を使うことを心がける。

●注意点

次の2点を注意する。ひとつは、斜めもしくは横面でラケットを出して、自然にラケット面がコートの内側を向くようにする。もうひとつは、クロスボレーのタイミングに比べ、ワンテンポ早く動作を行い、ラケット面をボールのコースに早くセットし、右肘はできるだけ体の前に置く。

このボレーはコートの中に入れることが難しいので、打点を前にできない場合も考えて、飛んでくるボールに対してフラット面をつくって落とすボレーも覚えておく。

●初級者は

特にこのコースは左方向に打つため、ラケットが振り気味にならないように心がける。練習ではやさしいあげボールで、面の使い方、打点をしっかり身につけさせる。

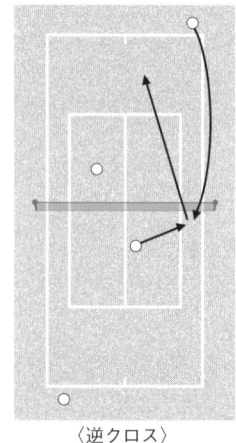

〈逆クロス〉　〈右ストレート〉

◎フォアハンドのストレートボレー（正面）

⑧打球後も面を崩さず、ボールを最後まで目で追う

⑥⑦インパクト後は左足が大きく送り出される

◎フォアハンドボレーの応用

④⑤肘を前に置き、小さなスイングで、打点を前にして、膝のためを使って横面でヒットする　③3歩目は大きくステップし、軸足の決定　②2歩目は小さなステップで、ボールとのタイミングを図る　①右足からスタート

Chapter2：ソフトテニスの技術／5. ボレー

4. バックハンドボレーの応用

スタートして3歩目の軸足設定は、フォアと反対側の左足となる。軸足（左足）を設定した時点で右足のつま先が地面に残るようにすると、上体が残って動作が流れないため、さまざまな球威のボールに対応できる。

❶ クロスボレー

クロスボレーには逆クロスの陣型でとりにいくポーチボレーと、右ストレートの陣型で誘うボレーがある。

●基本的な打ち方
- 左足からスタートし、3歩目の左足の軸足を設定する。
- 肩の線は約45度くらいに保ち、体の近くにきたボールに対応できるように、縦面あるいは斜めの面を意識する。
- ボールは左方向に流せばよいので、そのままコースに面を押し出していく。

●注意点
攻撃するポーチボレーでは積極的に遠いコースを目標にして、走り抜ける大きな動きが必要である。誘いのボレーに関しては、幅広くゾーンを守る意識が必要で、小さな動きでラケットを縦面あるいは斜めの面にして処理することが多くなる。

●初級者は
いろいろなコースのボレーを覚える中で、ラケット面

◎バックハンドのクロスボレー（正面）

①②スタートの1歩目は左足から　　③2歩目は右足を送り出し　　④3歩目はラケットを小さく引きながら、左足を大きく踏み出して軸足を設定。肩のラインはネットに対してほぼ直角に

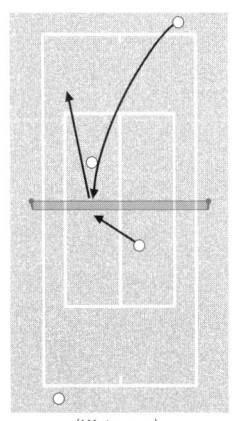

〈逆クロス〉 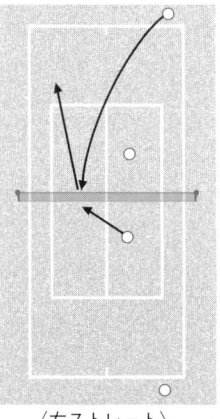　〈右ストレート〉

80

◎バックハンドボレーの応用

とボレーするコースの関係をやさしいあげボールで理解し、柔軟な対応ができるようにする。

5 6 ⑤⑥左足にしっかり体重を乗せて

6 フォワードスイング

7 ⑦インパクトでは胸を張るように背すじを伸ばす

8 ⑧インパクト後は大きく右足が送り出される

9 ⑨打球後も面を崩さずに、ボールを目で追っていく

Chapter2：ソフトテニスの技術／5. ボレー

❷──ストレートボレー

ストレートボレーには左ストレートの陣型でとりにいくポーチボレーと、正クロスの陣型で誘うボレーがある。

●基本的な打ち方

- クロスボレーのタイミングに比べて、ワンテンポ早く動作を行う。
- ラケット面をボールのコースに早く設定して、ラケットを横面で、ボールを点ではなく、線でとらえるように意識する。
- インパクトの後は、顔は後方に向くぐらいになる。左肩、左腕は後方に引っ張られていく。

●注意点

誘うボレーは、とりにいくボレーと同様に、積極的に攻撃する気持ちでプレーすることが大切である。無理に腕だけでコートの内側にコントロールしようとしない。前にラケットを出してボールがくるのを待っているという状態がよい。1本で決めるためには、打点を前にしてコートの中に角度のあるボレーを打つことを心がける。

●初級者は

バックボレーでコートの中に入れるためには、打点が前にあること、ラケット面が横に使われることを、ゆっくりしたあげボールで徹底して覚えさせる。

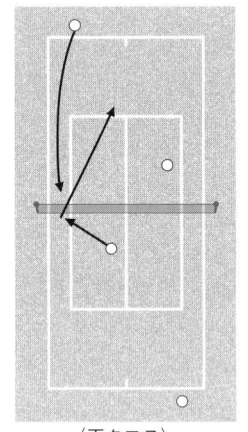

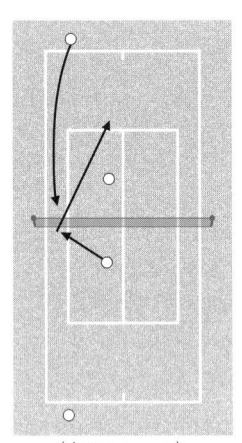

〈正クロス〉　〈左ストレート〉

◎バックハンドのストレートボレー ●●●▶

1 ①スタートの1歩目は左足から大きく踏み出し

2 ②2歩目は右足を送り出す

3 ③3歩目は左足を大きく踏み出し、軸足を設定

4 ④同時に、肩の線はほぼ直角でバックスイングが完了

◎バックハンドボレーの応用

5．その他の各種ボレー

　ここまでは標準的なボレーを説明してきたが、次に打点の高さで分類されるローボレーとハイボレー、また球質で分類されるスイングボレーとストップボレーを簡単に説明する。

❶──ローボレー

　ローボレーとは、腰より低い位置で打つボレーで、攻めというよりは守りの形になる。実践ではエラーしやすい難しい技術である。ネットから離れた位置でラケットを低い位置で小さく引き、打点の高さに合わせてラケットを運ぶことが大切である。

● 基本的な打ち方
- ネットから離れた位置で、リラックスした姿勢で相手打球を予測し、軸足はフォアは右足、バックは左足のかかとからしっかり設定する。
- 右膝あるいは左膝を柔らかく曲げて、わきを締めた形で小さくテイクバック後、柔らかいタッチでインパクトし、ラケットの下の面を白帯に向けて押し出すようにフォロースルーしていく。

● 注意点
　手首を使って加減したり、ラケット面を縦面にして振ったりすると、ミスが起こりやすい。一般にラケットにとらえられたボールは、相手打球がドライブ回転であれば上に飛び、スライス回転であれば下に飛ぶ傾向がある。ドライブ回転の打球に対してはラケット面を心持ち押さえ気味に、スライス回転の打球に対してはネットより高めをねらってボレーすることが必要である。

● 初級者は
　ベースラインから前に走ってハーフボレー（ショートバウンド）で返球することから始めると、ローボレーは行いやすい。また、ボールに与える回転は、サイドカットサービスの要領で行うのがポイントである。
　最初はショート乱打から始め、低い打点で送り出す面をつくる練習をする。このとき、肘を前に置いてラケットを振るのではなく、押し出す要領で打つ。インパクトの後、ラケットの面を変えずに20cmほど上にあげると、ドライブがかかりやすい。膝でボールの勢いを吸収して、ボールを柔らかいタッチでとらえる。ラケット面は初めからつくっておき、打つ方向へ押し出すイメージで行う。

⑤左足にしっかり乗って、飛びつくような気持ちで打点を前でとらえる

⑥インパクトでは胸を張るように背すじを伸ばす

⑦インパクト後は大きく右足が送り出される

⑧打球後も面を崩さずに、ボールを目で追っていく

Chapter2：ソフトテニスの技術／5. ボレー

◎フォアハンドのローボレー ▶

1 ①相手が打とうとする瞬間に止まり、膝を曲げてリラックス

2 ②打球コースを予測し、その方向に右足を踏み出す

3 ③コースが判断され、軸足をかかとからしっかり設定

4 ④⑤わきを締めた状態で右肘を前に置き、ラケット面を下から上に意識する

◎バックハンドのローボレー ▶

1 ①リラックスした構えから、打球コースを予測

2 ②左斜め方向に軽く小さなステップで移動

3 ③④コースを判断し、左足のかかとから軸足をしっかりと設定

4

5 ⑤⑥軸足に乗り、フラット面でラケットを下から上に押し出すようにインパクト

◎サービス＆フォアハンドのローボレー ▶

1 ①サービスを打ち、

2 ②素早く前進フットワークで移動

3 ③相手が打とうとする瞬間に

4 ④リラックスしてポジションをとり、

◎その他の各種ボレー

⑥肘を中心に押し出す感じで
　インパクト

⑦⑧インパクト後も面を残して、次の返球に備える準備をする

⑦⑧インパクト後は右足が大きく送り出されてバランスが保たれる

⑤コースを判断

⑥右足を大きく踏み出して軸
　足を設定し、膝を柔らかく
　曲げた状態でインパクト

⑦⑧ラケットの下の面を白帯に向けて押し出すように
　フォロースルー

85

❷ ハイボレー

　ハイボレーとは、頭より高く、体から離れた位置で打球するボレーである。一般に、高いボールは強くヒットしにくく、プチッとミスをする場合が多い。特に女子の場合は、高いボールの処理が難しいといえる。それは、体を上に伸ばした状態で全身のバランスを保つことが難しいからである。

●基本的な打ち方
- 最初はシュートボールを想定しながらスタートし、フットワークする。
- 相手が打球した段階でその打球を中ロブと判断したら、右足のかかとから軸足を設定し、ラケットを高い位置に引く。
- 左手でうまくバランスをとりながら、ボールの高さとスピードにタイミングを合わせる
- 膝のバネを利用しながら、インパクトの瞬間は伸びあがり、高い打点の場合ほどボールを前でとらえ、ラケット面は壊さずに残していく。

●注意点
- ミートすることに主眼を置き、コースをねらって返球することを考える。ハイボレーは腕と体を伸ばすことに注意し、ラケットをボールの高さに引き、必ず最後まで目を離さず、体よりも前方でとらえる。
- ネットに近いポジションでは、ボールを払い落とすよう意識する。ネットから離れたポジションでは、安定したラケット面でネットとベースラインの間にプッシュしていくことを心がける。

●初級者は
　最初はステップを使わずに、ネットから離れて面使いを覚える。このとき、スマッシュのようにラケットを振るのではなく、インパクト時に面を残す。注意点として、ボールのコースを予測したら、ラケットは下から引くのではなく、最初から肩の上に持ってきておいて体の上からラケットを引く。

❸ スイングボレー

　スイングボレーは別名「ヒッティングボレー」「七三ボレー」と呼ばれている。相手のシュート打球にスピードや威力がないと判断したとき、しかも自分の体勢に余裕があるときに1歩前に詰めながら、グラウンドストロークの要領、またはノーバウンドで、コンパクトにボレーする攻撃的な技術である。

◎その他の各種ボレー

フォアハンドのハイボレー

バックハンドのハイボレー

Chapter2：ソフトテニスの技術／5. ボレー

❹ ストップボレー

　ストップボレーは相手が攻撃してきたボールをネット近くに縦面で落とすボレーである。相手のアタック攻撃に対してはスタンスを大きくとり、力まずにゾーンを守る。

　また、ストレートのラリー展開でのモーションを大きく使いながらネットの前に落とす技術は、軸足をためてボレーするというより、小刻みに動きながらボレーし、しかもインパクトでは柔らかいタッチが要求される。

◎バックハンドのストップボレー ▶▶▶

1 ①コースを判断し、左足を大きく踏み出して軸足の設定

2 3 ②③軸足に乗り、ラケットは縦面で、柔らかいタッチでボールを落とす

4 ④ボレーした後も面は残して、目は最後までボールを追う

◎ボレーのQ&A

Q&A
ボレー

Q1 ボールを怖がるときの指導方法は？

A 最初のうちはボールに対する恐怖心があるのが普通である。怖いのが嫌で、前衛をやりたくないという場合もある。怖がると腰が引ける、しゃがむ、顔をそむける、目をつぶるなどの症状が出る。これらは恐怖に対する防御反応である。

顔に当たると痛いというように、初心者あるいは初級者の頃、一度体にぶつけられる経験をするとそれがトラウマになってしまうので、練習では慎重に指導していくべきである。

指導する際の注意点として、以下の2点を挙げておく。
①ボールに慣れる（ゆっくりしたボールから徐々に慣らす）
②動体視力を鍛える

ゆっくりしたボールを手でキャッチしたり、体の近くでボールをとらえる練習をし、徐々にボールのスピードをあげていき、ボールに慣れる。

あげボールの工夫としては、形をつくるためには手投げから始め、カット、フラット、ドライブへと変化させていく。また遠いところからあげボールをしていき、徐々に近くにしていくやり方が一般的である。

また、気持ちを積極的かつ前向きにするためには、自分からボールを追いかけて（動いて）とりにいくボレーから入ることも大切である。

Q2 ラケットを振り気味のボレーがよくないわけは？

A 相手がシュートボールで返球してきた場合にラケットを振って処理すると、タイミングが合えば威力のあるボールとなって飛んでいく。しかし、飛んでくるボールの球質はさまざまなので、それにタイミングを合わせることは難しい。運動神経が抜群でタイミングのとり方がうまければ別であるが、ボレーではラケットを振ることはミスにつながりやすい。特に、速いシュートボールに対してはなおさらである。

Chapter2：ソフトテニスの技術／5. ボレー

　ラケットを振ってしまうという欠点を矯正する方法として、打とうとする打点にラケットを持っていき、左手の補助動作をバックスイングの完了までつくること、右肘を体の線よりも後ろにつくらず、手首を使わないでしっかり安定させてインパクトすること、そして打球方向にラケット面を押し出していくことなどが重要である。

　ボレーはスピードもさることながら、コースに対しての角度づけが第一条件であり、それによってポイントをあげていくことが可能となる。

左手でひもなどを持ち、肘を後ろに引かず、
そのままラケットを押し出す

ネットに肘を置いてのボレー練習

肘を左手で持ってボレーする練習

◎ボレーのQ&A

Q3 軸足設定がまずく、ためのあるボレーができないのですが？

A　ボールを打つところに体を運ぶフットワークは特に指導することではなく、無意識に足の運び方が身につくものである。ゆっくり歩く動作、素早く小刻みにジョギングする動作しかりである。

　特に指導するのであれば、目から得た情報に対応するダッシュ力を身につけさせたい。1歩目は大股ではなく、歩幅を狭くしたほうがダッシュ力が生まれるため、歩幅は「狭く、狭く、広く」が理想的である。「1、2、3──」のリズムなどでイメージさせるとわかりやすい。

　最初の段階ではフォームづくりのために、1歩でとれるボレーの練習から始め、次に3歩へとフットワークを増やしていく。小刻みなステップで動きのリズムを覚える練習と、基本的な軸足設定のタイミングを覚える練習が必要である。進行方向の足を1歩目とすると、3歩目（フォアは右足、バックは左足）で軸足を決めて、ためてインパクトし、送り足が着地という要領である。

　2～3m離れたところにボールを送り、肩の線がネットに対して横向きになるように走ってとらせる。左手をラケットに添え、最初から進行方向を向き、インパクト後は面を残し、走り抜ける。初めは速いボールではなく、カット気味のボールで練習したほうが感覚をつかみやすい。構える位置をネットからラケット2本分後ろにとり、ネットにできるだけ近いところ（白帯の上）でとらえるようにする。フットワークは斜めに走ることを強調し、頭が突っ込まないように上体を起こして走ることを心がけさせる。

重心の軸と右・左手のバランス

軸足にしっかり乗って、ためてボレーする

Chapter2：ソフトテニスの技術／5. ボレー

Q4 体がネットに対して横向きになれず、リーチが広がらないのですが？

A 体に近いボールに対してはネットに正対した形になりやすいが、体から離れた遠いボールをとりにいく場合にも、体を横向きにしないとリーチが広がらない。ネットに対する体の向きとスタンスを、フォアの場合は約45度、バックの場合は約90度にして、その向いている方向に直進フットワークをしてボレーする練習を行う。

　また、左手を補助器具のような役割をさせる方法がある。例えば、フォアの場合に左手を右肩に置いてボレーしてみると、左肩が入って横向きの感じがつかめる。バックの場合は、左手を後ろから回して右腰に当ててボレーすると、ラケットを前に押し出す力と後ろに引っ張られる力が働き、作用反作用の双対の動きが出てリーチが生まれる。

左手で右肩を持ってフォアハンドボレー。
左肩が開いてしまうのを矯正する

Q5 ポーチに出るタイミングをつかむための指導方法は？

A 相手のストロークに対して、とりにいくボレーをポーチボレーと呼んでいるが、動くタイミングをつかむのもなかなか難しい。

　前衛のポーチボレー練習では、ボレーに出るタイミングを覚えさせる方法として、指導者が背中を押す、肩をたたくなどの合図をするというものがある。基本的には相手後衛のバックスイングが終わろうとする、すなわちボールがバウンドする寸前の段階でスタートを起こすぐらいが基準となる。このときに気をつけたいのが待球姿勢で、リラックスして膝を柔らかく使い、「よーい、どん」という

感じで素早く動けるかどうかが大切になる。

　特に、初級者の段階では抜かれるのが怖いために、スタートがどうしても遅れがちになる。抜かれるタイミングを覚えることによって、徐々に出るタイミングを遅らせて調整させていくこともひとつの方法である。積極的に出てとるボレーは、逆に抜かれてもいいという気持ちを持たせることが上達の早道ともいえる。相手にとっても、早く動かれると気になって、たとえサイドを抜いても徐々に受け身になり、弱気になっていくものである。

フォアのハイボレー（小学生）

Q6 ポジションが悪いとよくいわれるのですが？

A 前衛にとって重要な要素として、まずポジションのとり方が挙げられる。相手後衛にしてみれば、どこに立たれるかで心理的なプレッシャーは大きなものになる。

　ポジションの基本は、センターマークを基準としてコートを二分する考え方で、お互いが役割分担のできるようなポジションをとることが求められる（図1、2）。次に重要となるのは、相手がどちらに打ってくるかという予測判断と、動くタイミングである。

　基本的なポジションを理解したうえで、味方の後衛の打球が相手コートのどこに落下するかによってポジションが変化することを学習する。すなわち相手後衛の移動距離とポジションのとり方は、相手が2歩移動すれば自分は1歩、4歩移動すれば2歩という関係を理解しておくことが大切である。

　また、浅く打たれたボールは「守り」のポジション、深いボール

Chapter2：ソフトテニスの技術／5. ボレー

は「攻め」のポジションをとる。自分から積極的にポーチに出るボレーはすべて「攻め」であり、相手からアタック攻撃されるときのボレーが「守り」となる。

「攻めはコース、守りはゾーン」

守りのポジション
守りのボレーが必要

攻めのポジション
攻めのボレーが必要

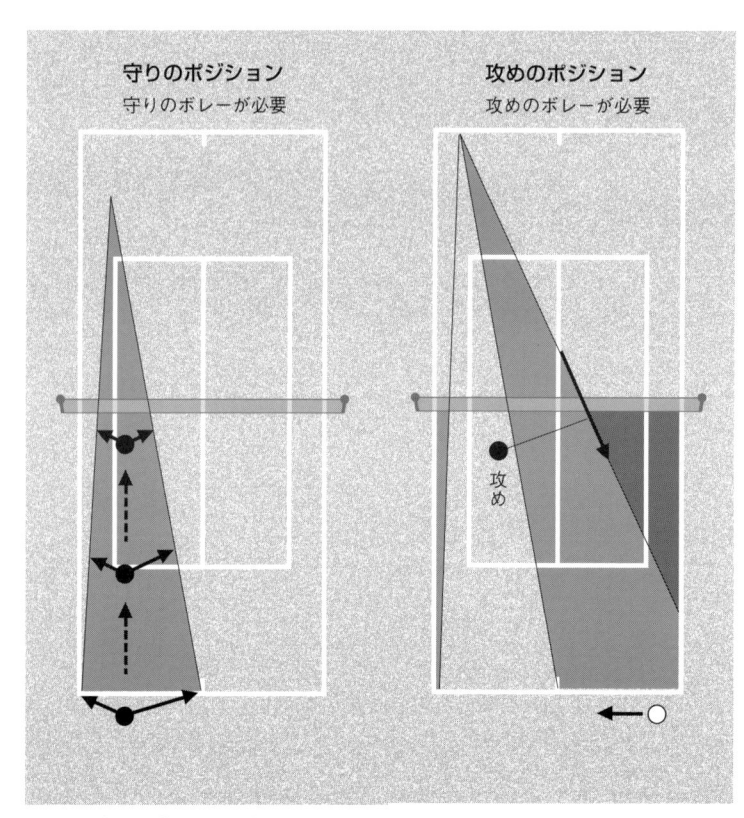

攻め

死角

基本的にはコート半分をお互いがしっかり守る

[図1] 攻めと守りのポジション

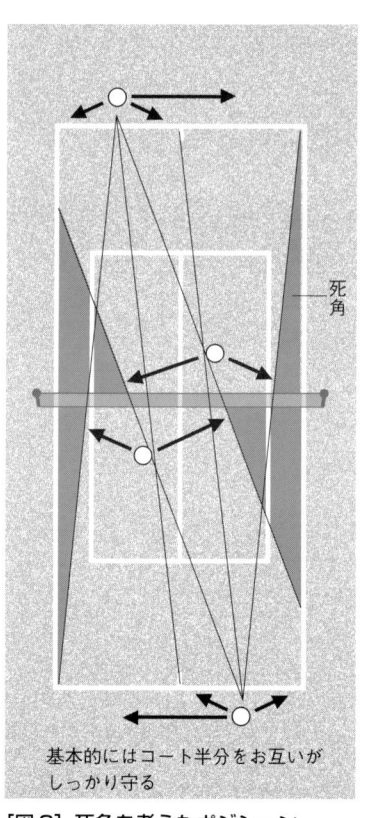

[図2] 死角を考えたポジション

◎ボレーのQ＆A

Q7 予測判断が悪いのですが、何を根拠にすればよいでしょうか？

A 相手の打球を判断してモーションを起こす根拠には、物理的なものと心理的なものがある。

物理的な根拠としては以下のようなものが挙げられる。

①相手のグリップの特徴

引っ張る方向が得意か、流す方向が得意か――グリップがイースタン気味なら左方向に、ウエスタン気味なら右方向に打ちやすい。

②フットワーク、スタンスの設定の仕方、体の向き

回り込んで打つ場合、オープンスタンスになりやすく、引っ張るほうにボールを打ちやすい。

③打点、およびインパクトの瞬間のラケット面

打点が高ければ前衛の近くに、打点が低ければ遠くに打つ傾向がある。打点が前なら右方向、打点が後ろなら左方向に飛びやすい。

④球質

フォワードスイングに移る瞬間、ラケットヘッドを下げるとロビングを打ちやすい。

⑤ボールの落下点

短いボールは前衛の近くに、長いボールは前衛を避けて打つ傾向がある。

また、心理的な根拠としては以下のようなものが挙げられる。

①相手の目の配り方、表情、しぐさ、態度、性格などから心理状態（弱気や焦りや迷い）を判断する。

②一般的な心理

- ミスをした後は、慎重にていねいに返球しようとする。
- サイドパッシングは２本続けて打たない。
- 後衛の好きなコースは自信を持って打球してくる。
- コースが変わった後のボールの返球は後衛のほうに返球する。

Chapter2：ソフトテニスの技術／5. ボレー

◎ ボレーの練習法 ◎

基本練習

Step1 その場で一定のコースへ打つボレーの練習

● ── 練習の行い方

● あげボールの出し方
1. 手でゆっくりとトスしてもらったボール
2. サービスライン付近から、ラケットで柔らかくあげられたボール
3. ベースラインから、ラケットであげられたボール

● ボレーの種類
1. 正面のあわせボレー
2. フォアハンドボレー
3. バックハンドボレー

● ── バリエーション

● ボレーのコツをつかむ3つのステップ練習
1. ボールを手でつかむ
2. ボールを手で打つ
3. ラケットを短く持って打つ

● あげボールの球質をかえての練習
1. 山なりの緩いボール
2. 緩めのシュートボール
3. 速いシュートボール

Step2 その場でコースを打ち分けるボレーの練習（攻めの型）

● ── 練習の行い方

● あげボールの出し方
1. ゆっくりとしたボール
2. 低い打点からのシュートボール
3. 少しずつ打点を高くしたシュートボール

● ボレーの種類
1. 落とすボレー
2. 流すボレー
3. 引っ張るボレー

● ── バリエーション
1. コースをストレートだけでなくクロスにも設定して、あげボールを出す
2. バックハンドボレーで行う
3. ポジションどりから移動してのボレーへと発展させる

Step 1

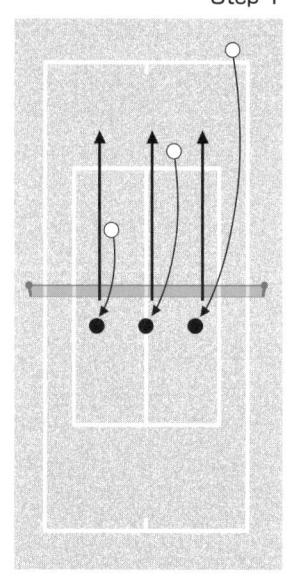

Step 2

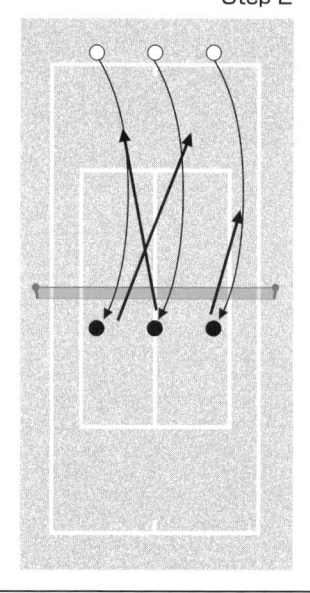

応用練習

Step3 移動して一定のコースへ打つボレーの練習（攻めの型）

● ―― 練習の行い方

● あげボールの出し方
1. ゆっくりとしたボール
2. 少しずつスピードを速める

● ボレーの種類
1. 1歩移動してのボレー
2. 2、3歩移動してのボレー
3. リズムをとって、数歩移動してのボレー
4. 適切なポジションからのボレー

● ―― バリエーション
1. 落とすボレー、引っ張るボレー、流すボレーなど、コース設定に応じて打ち分けるボレー練習へと発展させる
2. ノーミス練習：10本ノーミスでボレーできるように、集中力と緊張感を持って練習を行う
3. あげボールをする人は、相手の能力に応じてテンポをゆっくりしたり速くしたりする

実践練習

Step4 相手後衛に対してモーションを使ったボレーの練習（対後衛技術）

● ―― 練習の行い方

Aが打ち出したボールを相手後衛(B)に打たせて、そのボールをボレーする

● A→Bへのボールの種類
1. シュートボール
2. ロビング
3. 短いロビング

● Bの打ち返すボールのコース
1. クロス
2. ストレート
3. ミドル
4. アタック

● ボレーの種類
1. 流すボレー
2. 引っ張るボレー
3. 落とすボレー

● 意識の持ち方
1. 攻め
2. 誘い
3. 守り

● ―― バリエーション
1. 最初にBからボールを打ち出す練習（いろいろな状況設定）
   - 打点の高低
   - スタンス
   - 肩の入れ方　などをかえて練習する
2. 1本だけのあげボールでなく、連続プレーへと発展させる

Step 3

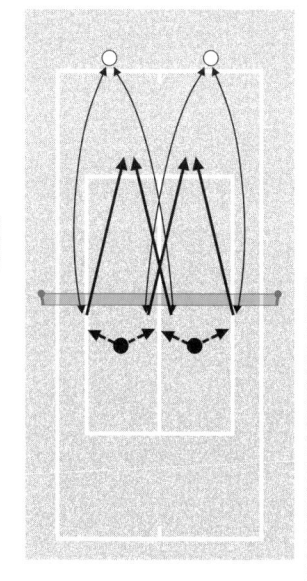

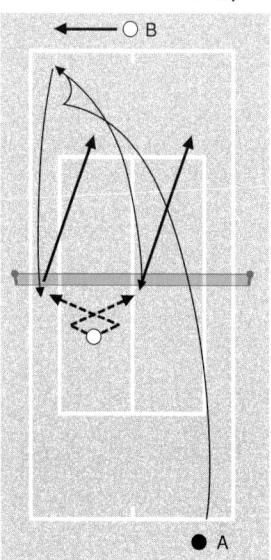

Step 4

Chapter2：ソフトテニスの技術／6. スマッシュ

6
スマッシュ

1. スマッシュの基礎知識

　緩やかな放物線を描いて飛んでくるボールに対して、高い打点でとらえ、相手コートに角度をつけて、強く打ち込む技術をスマッシュという。ロビングに対する攻撃であり、最も破壊力、ポイント力があり、ネットプレーの花形といえる。前衛にとっては決定打にしなくてはならないプレーであり、1本のスマッシュミスがゲームの流れを変えてしまうことがよくある。

　相手のロビングの方向、長さ、高さを正確に読む判断力が要求され、ネット際から後退するステップをスムーズにすることによって、攻撃範囲を広げることができる。

　スマッシュにはフォアハンドスマッシュとバックハンドスマッシュがあるが、バックハンドスマッシュは技術的に最も難しいストロークで、初級者から中級者にかけての段階ではフォアハンドスマッシュだけで十分ゲームを行うことができる。

◎フォアハンドスマッシュ

⑧ラケットは左足下に振り抜かれていく

⑦体の前で、しかも高い打点で力強くインパクト

⑤⑥左足を踏み出しながら、ラケットは下から上に振り出される

◎スマッシュの基礎知識

　スマッシュの基本ポイントとしては、次のことが挙げられる。
　①ボールの落下位置に正確に、かつ速やかに入る（予測とフットワーク）。
　②高い打点でボールをとらえる。
　③左手をうまく使ってバランスをとり、インパクトの瞬間は左手を後方に流す。
　④頭よりも前に肩、腕、肘がくるようにフォワードスイングを行う。
　⑤ミスを恐れず、勇気を持ってプレーする。

2. スマッシュの基本

❶── フォアハンドスマッシュ

●特徴
　オーバーハンドから打つサービスの動きと比較するとかなり共通する部分があるが、相手の生きたロビングに対応するだけに、予測判断とフットワークは必須条件となる。後退フットワークをしっかり練習することによって、正確な打点をつかむことができれば威力を発揮する。

●基本的な打ち方
- グリップはセミウエスタンが望ましい。
- 待球姿勢と構える場所はボレーとほぼ同じで、足の間隔を肩幅程度にして膝を少し曲げて構える。ラケットは左手で軽く支えて胸の前に持つ。
- 頭を少し斜めにし、上体は左腰に置くようにして右足からスタート。ラケットをかつぐようにして、左肩を右肩より多少下げて後退する。
- 打球地点まで後退し、軸足を設定して右足に体重をかけ、上体を反り返らせるように構える。ラケットは右肩の上に引きあげて、右肘を曲げる。ラケットを頭の上に引きあげると同時に体重を左足に移し、フォワードスイングとともに上体が前に傾く。
- 打点は体の前にとり、インパクトの瞬間、体は伸びあがり、右肘は上に伸ばされて、肩と腰も右から左へひねられる。

●注意点
- グリップを打点にぶつけるような感じで、打点は右肩の前、肘を伸ばして高い位置でとらえるようにする。

4	3	2	1
④軸足が決まると同時に、肩にかつがれたラケットは背中に落ちる	③ボールの落下点を予測しながら、細かいステップで微調整	②ロビングと判断し、右足から後退フットワークの開始	①ゆったりとリラックスした構え

99

Chapter2：ソフトテニスの技術／6. スマッシュ

◎フォアハンドスマッシュ

1 ①待球姿勢からロビングと判断

2 ②体を横向きにしながら、クロスステップで後退する

3 ③落下点を正確に判断し、細かいステップで軸足を設定する

4 ④軸足が決定したら、肩にかついでいたラケットはさらに大きく引かれる

◎後退フットワークからのフォアハンドスマッシュ

10 ⑩フォロースルーは大きくとり、ラケットは左足下に振り抜かれる

9 ⑨インパクトはかなり前方で、腕が伸びきった状態でボールをとらえる

8 ⑧後ろ足から前足に体重をしっかり移し、高い打点でヒット

7 ⑦肩にかつがれたラケットはさらに大きく引かれる

6 ⑥軸足に体重を乗せ、前足をしっかりと踏み込んでいく

ラケット面はフラットを意識し、左足横にラケットを振り下ろし、上体を前傾させるようにして振り抜いていく。

- スマッシュを覚える場合、打点を前に、しかも高い位置でボールをとらえることがポイントになる。基本的には打つ方向に左足を踏み出すが、打点に応じて踏み出し足の方向を調整することが必要となる。左足を思いきり左側に踏み込むことによって、普通に踏み込む場合よりも比較的右方向への打球が打ちやすくなり、攻撃の幅が広がる。
- インパクト時の理想的な体の状態は、ラケットを振り出す右手と踏み出す左足のラインが一直線上になることである。このとき頭を少し左側に傾けないと一直線上にはならない。

◎スマッシュの基本

⑤　　　　　　　　⑥　　　　　　　　⑦　　　　　　　　⑧

⑤体の反りを使って、ラケットは下から上に大きく振り出される
⑥肘の位置を高くし、高い打点で破壊力のあるスマッシュが打たれる
⑦⑧インパクト後、ラケットは左足下に振り抜かれていく

◀ ・・・

⑤　　　　　　　　④　　　　　　　　③　　　　　　　　②　　　　　　　　①

⑤軸足を設定し
④小さなステップでボールの落下点を判断
③体を横向きにして、クロスステップで後退
②右足から後退フットワークのスタート
①待球姿勢からロビングと判断

●初級者は
　最初の段階ではサービスラインあたりまで打てる技術を身につけさせる。打点を前にして気持ちよく打てること、またフットワークは1歩余分に下がるようにして、打つ段階では前に1歩詰めて打つことを習慣にする。
●中・上級者は
　打てる範囲を広げ、サービスラインよりも後ろで打てる自信と勇気を持たせる。

Chapter2：ソフトテニスの技術／6. スマッシュ

❷──バックハンドスマッシュ

●特徴
フォアでスマッシュすることが難しいと判断したロビングボールや、打ちそこないの中ロブがバック側に飛んできた場合によく用いられる。

●基本的な打ち方
- 右肩をネットに向け、両肩がネットに対して垂直になるようにして後退する。
- ボールのコースに早く入り、左足軸足を決め、バックスイングではボールに対して背中を向けるくらいに肩を回す。
- 肘を中心にラケットを大きく振り出す。打点はできるだけ前にして、肘が伸びきる直前にボールをとらえるようにする。
- インパクトの後は上体のひねりを使って大きく振り抜いていく。

●注意点
バックハンドスマッシュは、フォアの場合より力の入れ具合が難しく、力強いボールを打ちにくい。そのためスピードよりもコントロールを優先することが望まれる。

体には迷路反射と呼ばれる生体の機構が存在し、右腕単独で動作を行うよりも両方の腕で同じ動作を行ったほうが発揮されるパワーが大きく、巧緻性も高まり、体のバランスが安定する。特に力の伝え方が難しく、体のバランスを崩しやすいバックハンドスマッシュでは、これを利用してバックスイングのときに両手をクロスさせるように構え、振り出すときは両手を同時に開くようにするとスムーズなスイングが生まれる。

●初級者は
ハイボレー気味のスマッシュを手投げで打つ練習をする。

●中・上級者は
フォアに回り込みにくい短いロビングは積極的にバックでスマッシュする練習をする。ただし、ゲームではできるだけフォアに回り込むよう心がける。

〈スマッシュでの２つのステップ〉

・クロスステップ

クロスステップは、大きく後退する場合に有効なフットワークである。送り足（左足）が軸足（右足）を越えてクロスするステップで、速いフットワークができ、軸足を決めるときに腰が入り、ためをつくりやすい。かかとから着地するようにすると、重心が低く大きなステップになり、スピードが出る。

・サイドステップ

小さい動きのときに有効なフットワークで、ボールをとらえる位置を細かく調整するために用いられる。送り足を軸足に寄せてステップする技術で、ロビングにタイミングを合わせるときに使う。スマッシュを打つ場合の最後の微調整によく用いられる。

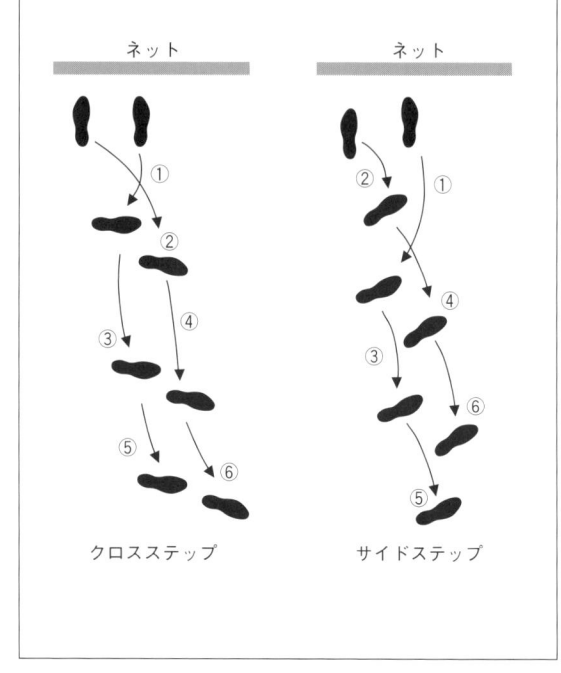

クロスステップ　　サイドステップ

◎スマッシュの基本

3. スマッシュの応用

● ── ジャンプスマッシュ

　深く高いロビングをあげられたときなど、普通のスマッシュではステップが間に合わない場合やタイミングが合いにくい場合にジャンプしてとらえることが必要となる。体が空中にある状態でインパクトするため、体のバランスをとるのは難しく、高度な技術が必要とされる。

●特徴

　ジャンプすることの利点については、普通のスマッシュよりも高い打点でとらえることができ、また普通のスマッシュでは届かないところもカバーできる。また、体重移動の必要性がないため、スムーズなスイングができる。上体のバランスも安定し、落ちてくるボールに対してタイミングを合わせやすい。

　しかし、ジャンプすることによって視線に大きなブレが生じ、ボールのタイミングをとらえたとしても正確にヒットさせることが難しくなる。時にはボールがフレームに当たり、とんでもないアウトをする場合もある。

Chapter2：ソフトテニスの技術／6. スマッシュ

●基本的な打ち方
- グリップはセミウエスタンあるいはイースタングリップ。
- ネットに対して両肩のラインが直角になるようにする。
- クロスステップで後退しながら、ボールのコースに早く入り、打球に合わせて軸足でジャンプ。上体は起こしたまま、空中で「はさみ跳び」の要領でラケットを振っていく。このとき上体を前に倒すと、バランスが崩れてしまう。
- インパクトは、肘を伸ばして前にラケットを投げるような感じで「くの字」の姿勢をとる。
- フォロースルーは大きくとり、着地は左足になる。

●初級者は
できるだけ軸足（右足）をしっかり設定し、左足を打つ方向に踏み出して打つ習慣を身につける。そのためにはロビングの落下点の予測と、打点を前でとらえることのできるフットワークを心がける。

●中・上級者は
右足でためて、打点に応じて左足を左方向あるいは後方に踏み出すスマッシュを覚え、最後にとれないと判断したときに、ジャンプできるように右膝にゆとりを持たせたフットワークを心がける。

[図2.13]
スマッシュの際の打点と踏み出し足の方向との関係

◎ジャンプスマッシュ

⑧左足で着地し、ラケットは右足下に振り抜かれる

⑦高い打点でボールをとらえる。インパクトでは「くの字」の姿勢となり、よりシャープさを増す

⑥ラケットは下から上に振り出す

⑤右足を思いきり上に蹴り出してジャンプ

104

◎スマッシュの応用

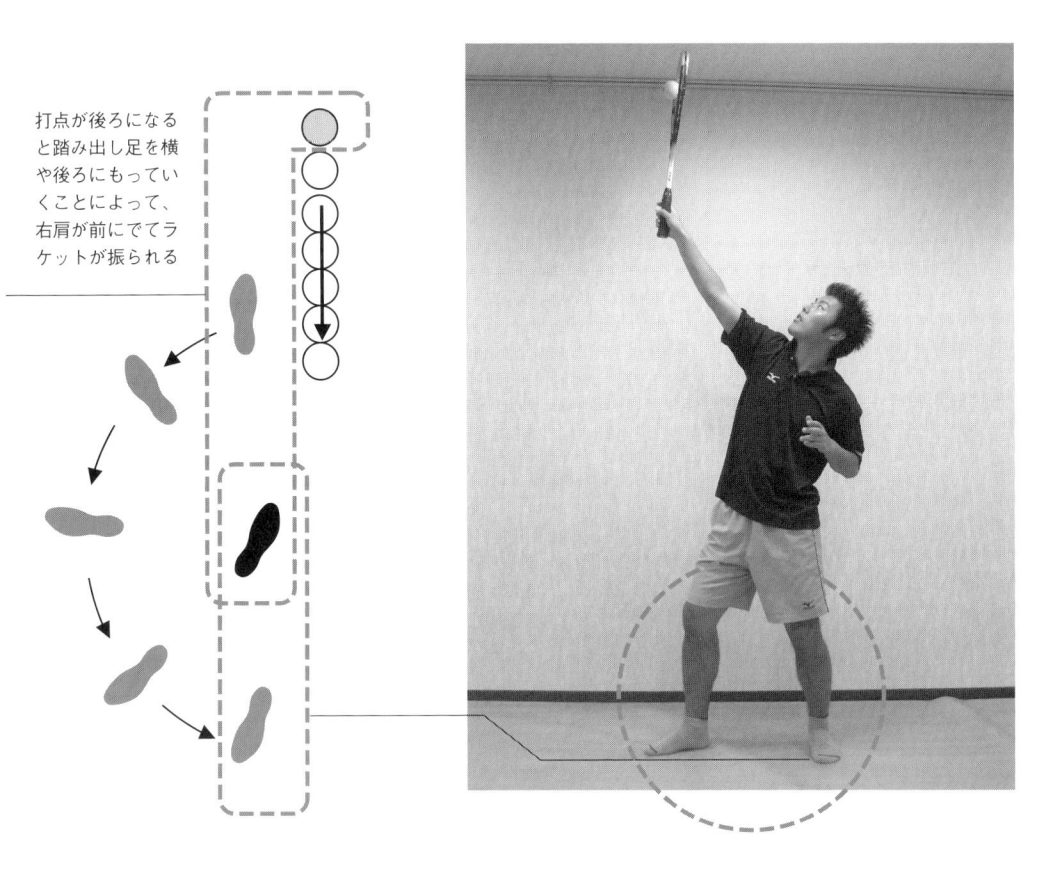

打点が後ろになると踏み出し足を横や後ろにもっていくことによって、右肩が前にでてラケットが振られる

④コースが判断され、右足軸足を設定して、ジャンプの準備

②③クロスステップでボールの落下点を予測

①リラックスした構えから、ロビングと判断して後退

105

Chapter2：ソフトテニスの技術／6. スマッシュ

Q&A
スマッシュ

Q1 フットワークが上手にできないのですが？

A スマッシュの打球時にミスをおかしてしまうのは、後退フットワークでボールの下にうまく入れない場合が多い。後退の最初の1歩が早く出るか否かによって、フットワークの善し悪しが決まる。

フットワークの練習として、ネットについた構えの姿勢から、合図によってサービスラインあるいはベースラインまで、後退の方向は真後ろ、右斜め後方、左斜め後方に素早く向きを変えてダッシュする練習が効果的である。特に気をつけることは、最初の1歩の出し方で、合図があってすぐに反応できる反射神経を養うことも必要である。

また、ネットに対して肩を平行にして下がるのではなく、ネットに対して顔はできるだけ前向きにしながら、肩の線が垂直になるよ

◎スマッシュのQ＆A

うに意識して横向きに下がることである。足の運び方は、サイドステップとクロスステップをうまく組み合わせて後退し、歩幅を初めは大きくし、打つ前に小さくして微調整をする。

　基本的には短いロビングはサイドステップで、長いロビングはクロスステップで後退する。特に難しいのは、逆クロス方向にロビングを追いかけるフットワークである。正面を向いて後退すると体勢が流れてしまうので、ボールの方向にクロスステップで後退し、ボールの落下点が予測された段階でフォアに回り込んでスマッシュする。

　そのままの姿勢でバックステップしながらロビングの判断、コースの判断をし、打たれた段階でクロスステップないしサイドステップで方向づけをして後退してスマッシュする。

Q2 ボールの落下点にうまく入ることができないのですが？

A スマッシュで最も大切なのは、ロビングの落下点の予測である。

　練習の最初の段階では、その場でスマッシュをたたける自信を身につけさせる。次はフットワークで、前に移動しながら気持ちよく打たせる。そして、左手をしっかりあげながら後退フットワークを行い、その左手でボールをつかめるくらいのところでボールをとらえる。初めは左手でボールをキャッチする練習が効果的である。次の段階でヘディングする練習も取り入れよう。

　後退フットワークで気をつけることは、ボールのスピードに合わせて下がるのではなく、ボールより1歩余分に下がって前に1歩踏み込んで打つぐらいの余裕を持ちたい。また、後ろに下がってしっかり止まって打とうとするのは難しいので、後ろに下がりながら打たせることも試してみると比較的打ちやすいことに気づくはずである。

Q3 肘があがらず、打点が低くなってしまうのですが？

A 打点が低くなる原因は、ラケットを後ろに振りあげるとき、わきが空き過ぎて体が早く開いてしまうことによる場合が多い。打つときに右肘を高くあげることが大切である。

　最初から右肘を高くあげ、ラケットは背中につけるようにしてリラックスした状態で後退する。また、左手を高くあげてボールをつ

Chapter2：ソフトテニスの技術／6. スマッシュ

かむような姿勢で後退する。
　ラケットを引くときに、体の横から引いたり、肩が旋回運動したりせずに、しっかり上から引くことを意識する。そして、ラケットを振り下ろすときに右手が耳の横を通るようにする。最初は、後退し始めると同時にラケットをかついでフットワークする。またインパクトは、最高点でとらえられるようにする。

肘を伸ばして、より高い打点でインパクト

肘が下がらないように心がける

Q4 横殴りになってしまうときの矯正方法は？

A 力のない女子の場合、ラケットが縦に振れずに、打点が落ちてしまうケースが多く見られる。
　このような場合、スマッシュを打った後、前かがみになろうとせず、立ったまま体の回転だけでリバースサービスを打つ要領で打たせるとよい。ボールを自分の頭の上でとらえるように意識する。また、左手をあげていることで肩が早く開いてしまうのを防ぐこと

ができるので、左手をしっかりあげて素早くボールの落下点に入る。ネットに平行な状態から頭の上で打つ練習をし、徐々に肩を入れて打てるようにしていく。

壁

サービスやスマッシュの横なぐりは、壁などを利用して矯正する

Q5 アウトミスやネットミスが多いのですが？

A　アウトミスが多いのは、手首からラケットを振り下ろしているために、打点が後ろになってしまうからである。それをなくすためには、常に打点を自分の体の前にとることを心がけ、ラケットヘッドを走らせ、ラケットが自然に振り抜かれるよう意識する。

　また、後ろに下がりながら、リバースサービスの要領で左肩を早く開き、ボールにリバース回転を加えるように意識させることも大切である。

　逆に、ネットミスが多いのは、打点が前過ぎる、打ち急いで待ちきれない、またネットを越そうという意識が強いというようなことも考えられる。

　ネットミスをなくすためには、ボールをミートするときにラケットからすぐに離すのではなく、ラケットにボールを乗せているような、少し押し出すフィーリングでミートさせるようにするとよい。左手を自分の顔より右側に持っていき、左目でボールを見るように心がけると、自然に体のひねりができる。しっかりとためをつくって、体を反らせることも大切である。

Chapter2：ソフトテニスの技術／6. スマッシュ

◎ スマッシュの練習法 ◎

基本練習

Step1 その場で一定のコースへ打つスマッシュの練習

● ——練習の行い方

● あげボールの出し方
1. 手でゆっくりとトスしたボール
2. 4～5m離れたところ（サービスライン付近）から、ラケットで柔らかくあげられたボール
3. ベースライン付近からラケットであげられたボール

● スマッシュの種類
1. フォアハンドスマッシュ
2. バックハンドスマッシュ

● ——バリエーション

● スマッシュのコツをつかむ3つのステップ練習
1. ボールをひたいに当てる
2. 左手を伸ばしてキャッチング
3. キャッチングしたボールを自分でトスして打つ

● あげボールの球質をかえての練習
1. カット気味のボール
2. フラット面で打球したボール
3. ドライブをかけたボール

Step2 その場でコースを打ち分けるスマッシュの練習

● ——練習の行い方

● あげボールの出し方
1. 高さ2～3mの山なりのボール
2. 高さ5～6mの山なりのボール
3. 高さ7～8mの山なりのボール

● スマッシュの種類
1. つなぎのスマッシュ（正面へ）
2. 流すスマッシュ
3. 引っ張るスマッシュ

● ——バリエーション
1. あげボールのコースは、ストレートだけでなくクロスにも設定する
2. バックハンドスマッシュで行う
3. 少し移動してのスマッシュへと発展させる
4. ノーミスの練習
   10本ノーミスでスマッシュできるように、集中力と緊張感を持って練習する

応用練習

Step3 移動して一定のコースへ打つスマッシュの練習

● ——練習の行い方

● あげボールの出し方
1. 高さ2～3mで、カット気味のゆっくりしたボール
2. 高さ4～5mで、カット気味のボール
3. 高さ4～5mで、フラット面での押し出しボール
4. さらに高いボール

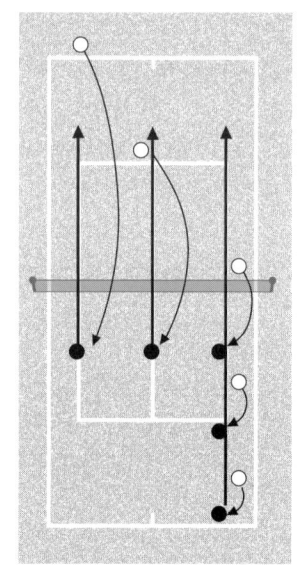

Step 1

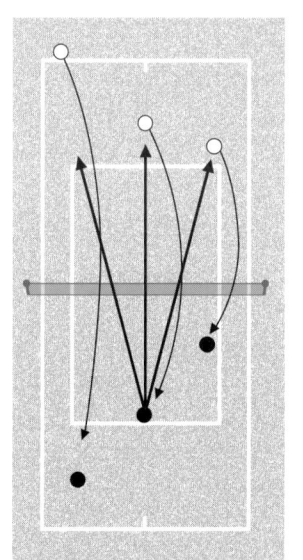

Step 2

◎スマッシュの練習法

5. ドライブ系のボール
   ＊後退する距離も少しずつ長くしていく

● スマッシュの種類
1. 正面へのスマッシュ
2. 流すスマッシュ
3. 引っ張るスマッシュ

●―― バリエーション
1. あらかじめ後退した位置からのスマッシュ練習をし、その後、後退フットワークを加えてのスマッシュ練習へと発展させる
2. ジャンプスマッシュで行う

実践練習

Step4 相手後衛に対する縦の動きを考えてのスマッシュ練習（対後衛技術）

●―― 練習の行い方

Aが打ち出したボールを相手後衛（B）に打たせて、スマッシュする

● A→Bへのボールの種類
1. シュートボール
2. ロビング
3. 短いロビング

● Bのロビングのコース
1. ストレート
2. センター
3. クロス

● スマッシュの種類
1. 正面へのスマッシュ
2. 流すスマッシュ
3. 引っ張るスマッシュ

●―― バリエーション
1. 相手が打ちそこなったボールの処理
2. ロビングのポーチのスマッシュ練習
   ・ポジショニング
   ・モーション
   ・後退フットワークなどに留意する
3. サービス、レシーブからの展開練習へと発展させる
4. フォローする前衛を入れ、フォローされないスマッシュを何本続けられるかを練習する

Step5 ネットプレー（ボレー＆スマッシュ）の組み合わせ練習

・組み合わせ練習も、簡単なものからより複雑なものへと発展させるとよい。
・ジュニアの段階では、2球あるいは3球練習くらいで十分であるが、興味づけと持久性を養ううえでも、時には10球練習などを取り入れるのも必要である（137ページ参照）。

①ストレートのバックボレー
②後退フットワークでスマッシュ
③その場でローボレー
④前にフットワークしてクロスボレー
⑤後退フットワークでスマッシュ
⑥その場でローボレー
⑦前にフットワークして、フォアハンドのストレートボレー
⑧後退フットワークしてスマッシュ
⑨その場でローボレー
⑩前にフットワークして、バックハンドのクロスボレー

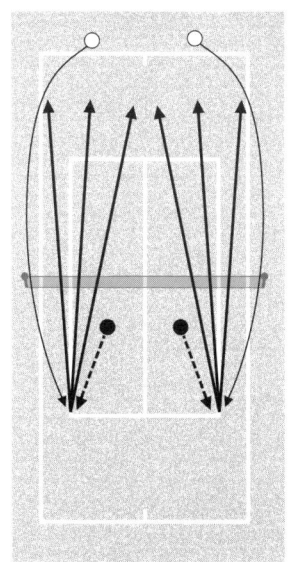

Step 3

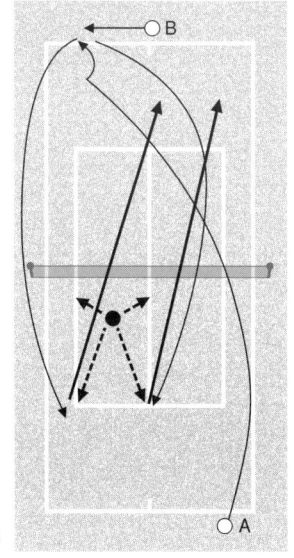

Step 4

Chapter3：ソフトテニスのゲーム技術の指導

1. ゲーム技術指導の基本的な考え方

　ソフトテニスの技術は、基礎技術、応用技術、ゲーム技術という分類ができる。基礎技術の部分は合理的な打ち方を身につけるフォーム形成であり、応用技術は基礎技術を発展させたゲームの中で起こりうる状況を想定した作戦・戦術的なものであり、ゲーム技術とはまさに実際のゲームでの緊張場面で発揮される技術である。

　ゲーム技術を高めるためには、基礎技術をしっかり身につけ、それを応用技術として発展させて、ゲームの中で発揮できるようにしていく必要がある。

　ここでは、ゲーム技術指導の基本的な考え方として、以下のことを挙げておく。

❶──「試合で発揮できる力が、その選手の実力である」

　練習での技術やプレーはうまいのに、試合になるとその力を発揮できない選手がいる。そういう選手は「プレッシャーに弱いというか、試合はどうも苦手」という意識を持っている場合が多い。

　誰しも試合では、緊張や不安、プレッシャーなどを持って臨んでおり、いかにそれを克服して戦うかが課題となる。したがって、練習においては「練習のための練習」ではなく、「試合のための練習」であることを常に意識させることが重要である。

　練習でいくら緊張感を持ってプレーしていると感じていても、大事な試合の際の緊張とは比べものにならない。目標を持って日々努力しているだけに、それが報われなければ「努力も水の泡」になると考えると、一層プレッシャーがかかる。「練習、即試合」「練習を試合と思え。試合を練習と思え」とよくいわれるが、いかに練習で緊張させ、試合においては平常心でリラックスして普段の気持ちでプレーさせるかが大切である。

　指導する立場で、練習でのプレーと試合でのプレーの分析、目つきや表情、しぐさ、態度や行動の分析などを通して、各選手の特徴を考慮した指導やアドバイスが重要となる。

❷──「ダブルスの醍醐味はコンビプレーにある」

　何といってもソフトテニスの醍醐味はダブルスのコンビネーションにあるといっても過言ではない。

　コンビの良さは、性格、考え方、価値観、ゲームスタイル、理想とする作戦・戦術ひいては戦略などに依存するが、指導者あるいはパートナーとのコミュニケーションによって、より良い方向に育てられていくものである。

　ダブルスはあくまでパートナーと2人で戦うものであり、決してひとりよがりにならないように心がけさせる。このとき、自分の良さを殺して、パートナーを生かすことを考えがちであるが、あくまで自分の良さを出しながら、パートナーを生かす方法を模索させることが重要である。

　また、後衛と前衛の特徴により、作戦・戦術パターンのつくり方は変わってくるので、練習ではコミュニケーションを十分に図り、徹底してそのペアのパターンの確立をめざさせる。そして、試合はそのパターンを試す場と考え、事前に打つコースや得意なコースをお互いに確認し合ってプレーさせることが大切である。

　「コンビネーションなくして勝利はない」ことを認識させ、1プラス1が2以上になるよう、ペアとのお互いの配慮や信頼関係づくりを大切にさせるように指導する。

◎ゲーム技術指導の基本的な考え方

Chapter3：ソフトテニスのゲーム技術の指導

2. ゲームの指導

❶ ボールが上手に打てない段階でのゲーム指導

　この段階では、いきなり正規のルールでダブルスのゲームをするのは難しいので、簡易ゲームを工夫しながら進めていく必要がある。

　最初は、サービスボックスでピンポンの要領でショートラリーゲームを楽しむことから始め、次に2人が後陣に位置したストローク中心のラリーゲームへ発展させ、ラリーを1本でも多く続けることができるようにする。

　ジュニアの時期には、3対3、6対6、あるいは9対9のチーム対抗の形式にし、ミスをした場合はコートから出ていくゲームなどもラリーを十分楽しむことができる。いろいろな発想でゲームを楽しみながら、後陣の並行陣から雁行陣へと進めていくとよい。

　ゲームを成立させるためには、まずサービスを入れること、レシーブは相手サイドの後衛の前に確実に返球することを徹底して練習する。サービスが入らなかったり、逆に厳しいサービスだったりすると1本で終わってしまうので、他の3人は何もすることができず、ゲームの面白さが生まれてこない。

　大事なことは、サービスとレシーブの重要性を意識させながら、「ゲームは面白い」「早くゲームをしたい」「自分の得意技を発揮したい」「ダブルスのペア2人で力を合わせて、相手チームを負かせたい」という気持ちにさせることこそ、ソフトテニスの楽しさや魅力をつくり出すものであることを指導者は心しておきたい。

　そのためにも、初級の段階でのサービスの考え方は、ファースト、セカンドを同等なものと考え、「サービスは2本あると思うな」という気持ちで正確性を重視すべきである。

[簡易ゲームの工夫]

- サービスボックスでのシングルス、ダブルスゲーム
- サービス（プッシュ、あるいはアンダーサービス）からのラリーゲーム
- 並行陣（後陣）でのストロークゲーム
- 雁行陣でのゲーム
- ゲーム形式の練習（指導者が相手になって、ラリーが続くよう配慮する）

❷ ゲーム展開を意識した練習方法

　試合はポイントのとり合いで進行し、いかにミスを少なくしてポイントをあげるかが課題になる。ポイントしようとすると焦りや力みでミスにつながり、ミスをしないようにプレーすると萎縮や弱気が顔を出し、ていねいになり過ぎて逆に相手に攻撃されることになる。結果的に試合ではミスは避けられないものであることを頭に入れ、ミスを怖がって小さくなるのではなく、のびのびと大きくプレーすることを心がけさせたい。

　ほとんどの練習はポイントのとり方の練習なので、ゲームの状況に応じた展開を意識させ、練習したことを大事な場面で試してみるのが試合であるという考え方で取り組ませる必要がある。

　例えば、レシーブ練習をする場合には、レシーブを主としたゲーム形式で練習し、その成果を見るようにする。試合では、いろいろなコースでのラリーがあり、相手との駆け引きもある。

　また、練習では、いかに試合に近いイメージを持って行うかが重要である。例えば、後衛の乱打練習

においても、次のような段階的な練習が必要になる。
- 相手後衛だけを意識したラリー練習
- 相手前衛も意識したラリー練習
- 味方前衛を意識したラリー練習

また、前衛練習、例えばボレーのポーチ練習のときも、以下のような段階的な練習が必要となる。
- ノーバウンドのあげボール（コース設定練習）
- ワンバウンドさせたあげボール
- 相手から打たれた生きたボールのボレー練習
- 相手の踏み出し足の方向でコースを判断するボレー練習

ここで大切なことは、練習は試合の一部分を取り出して、状況を想定して行うものであることを認識させることである。

❸──試合になると、普段のプレーができなくなる原因

来るべき重要な大会のために一生懸命練習し、いざ試合に臨むという段階になると、緊張やプレッシャーが襲ってくる。そのために普段の力を半分しか出せずに負けてしまうことが往々にしてある。

その原因を挙げると、次のようなことが考えられる。これらの対策を日頃からどれだけ意識して練習させているかが課題となる。

Chapter3：ゲーム技術の指導

① **ペアの体調や技術の調子が悪い**

調子が悪くて負けるのはやむをえないとしても、悪いなりの戦い方を身につけておく必要がある。

② **緊張や不安、プレッシャーなどを感じて萎縮する**

「ミスをするのでは」「負けるのでは」「監督に申し訳ない」とネガティブな考え方になって、不安を自分でどんどん大きくしていく傾向がある。

③ **練習のときに、どれだけ実践に近い状況で練習しているか**

初級の段階では、緊張のコントロールが重要であり、レベルがあがるとゲーム状況を想定した練習を多く取り入れることが重要となる。

④ **対戦相手の特徴によって、ペアのプレーが変わる**

ペアの調子が良くても、相手が強ければ勝つことが難しい。初めての相手、苦手意識を持つ相手、客観的に自分よりも強い相手、同じレベルの相手、自分たちよりも弱い相手など、どんな特徴を持った相手かによって戦い方を考えてプレーさせることが必要である。

⑤ **練習で経験したことのないボールが飛んでくる**

普段の練習相手がたとえ強くてもそのプレーに慣れているために、結構戦えるものである。ところが初めての相手の場合、ボールの回転やスピード、コースなどが全く予測できないようなことが往々にしてある。

◎ゲームの指導

3. ゲーム展開のパターンのつくり方

後衛の配球に応じて、前衛がポジションをとりながら攻撃のパターンをつくるのが理想である。そのためには、後衛の打つコースが的確で、しかも前衛のポジションとモーションによってポイントに結びつく確実なパターンをめざす必要がある。

1 サービス・レシーブからの攻撃

ここでは、サービスからの攻撃とレシーブからの攻撃の基本的かつ代表的なパターンを紹介する。

❶ サービスからのパターンのつくり方（3球目攻撃、5球目攻撃）

後衛側にしても前衛側にしても、まずファーストサービスを入れることがレシーバーの攻撃を防ぐことになる。後衛側はセンターに、前衛側は逆クロスの深い所にサービスを正確に入れることができれば、レシーバーが攻撃できる範囲は決まるので、どちらも比較的サーバーの近くにボールが集まり、次の攻撃につながりやすくなり、攻撃パターンに持ち込むことができる。

〈3球目・5球目攻撃とは〉
サービスで主導権を握る
↓
前衛あるいは後衛が攻撃する（3球目攻撃）
↓
さらに決定打にする（5球目攻撃）

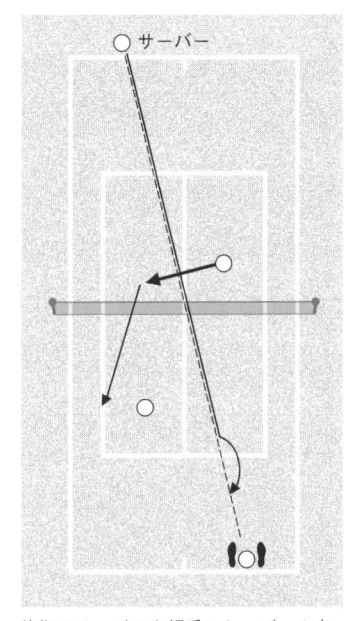

[図3.1]
サービスサイドの3球目攻撃
後衛はサービスを相手レシーバーの左足をねらって相手をフォアに回り込ませ、味方前衛がポーチボレーするパターン

[図3.2]
サービスサイドの3球目攻撃 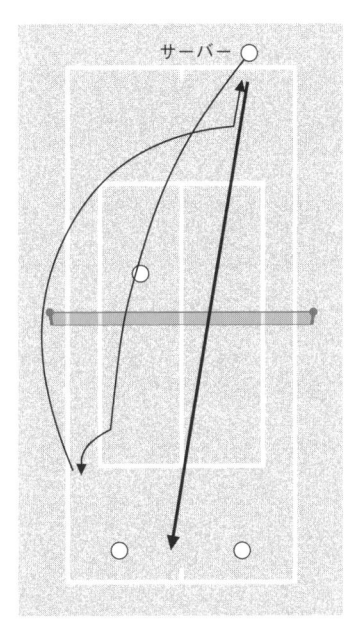
後衛が前衛サイドのサービスのとき、クロスに厳しくねらい、相手がバックで甘いレシーブ返球したものをセンターに高い打点で攻撃していくパターン

[図3.3]
サービスサイドの5球目攻撃 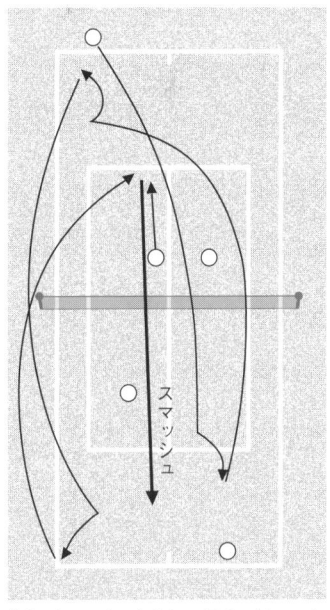
後衛がサービスを入れ、相手の甘いレシーブ返球に対して中ロブで相手前衛の頭上を攻撃し（3球目攻撃）、走らされた相手後衛のバックでの返球（ロビング、あるいは甘いシュート）を攻撃するパターン

119

Chapter3：ソフトテニスのゲーム技術の指導

❷ ── レシーブからのパターンのつくり方
（2球目攻撃、4球目攻撃）

　レシーバーにとって、セカンドサービスに対するレシーブ攻撃が最もポイントにつながりやすい。第2章のレシーブのところで説明しているが、徹底したレシーブ練習を行うことで、大事な場面では極力ミスの少ない、また必ずポイントに結びつくような技術を身につけておくべきである。

　例えば、アタック攻撃、ストレートへのロビング攻撃、ツイスト攻撃など、誰にも負けない武器となるレシーブをめざすことが自信につながる。

　特に前衛のレシーブは重要なカウントのときが多いだけに、レシーブの弱さはゲームをとるためには致命傷となる。

―――〈2球目・4球目攻撃とは〉―――
レシーブ（セカンド）を攻撃する（2球目攻撃）
↓
前衛あるいは後衛が攻撃する（4球目攻撃）

サイドパッシング
アタック攻撃 ｝（2球目攻撃）
ツイスト攻撃

センター攻撃（レシーブサイドの前衛の4球目攻撃）

中ロブ攻撃（レシーブサイドの前衛の4球目攻撃）

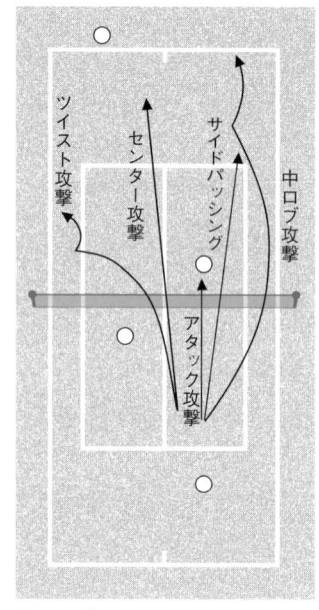

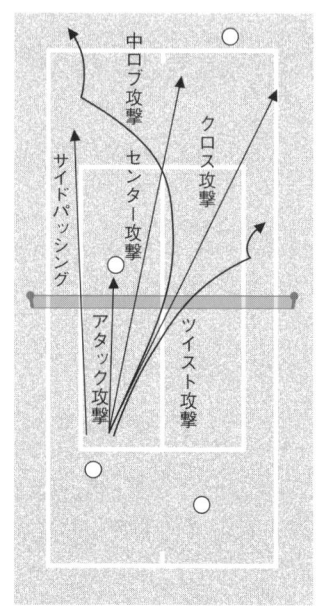

[図3.4]
後衛のレシーブサイドの
2球目および4球目攻撃

サイドパッシング
アタック攻撃 ｝（2球目攻撃）
ツイスト攻撃

センター攻撃（レシーブサイドの前衛の4球目攻撃）

中ロブ攻撃（レシーブサイドの前衛の4球目攻撃）

サイドラインをねらったクロス攻撃（レシーブサイドの4球目攻撃）

[図3.5]
前衛のレシーブサイドの
2球目および4球目攻撃

◎ゲーム展開のパターンのつくり方

2 各コースでの基本的な戦い方

❶——正クロスのゲーム展開

　味方の後衛が相手後衛を回り込ませるコース（センター）に打った場合は、前衛はクロスにポーチ攻撃し、積極的なプレーをする。味方の後衛が正クロスに角度のある深く厳しいボールを打った場合は、ストレートにボールが集まりやすいため、そのコースに打たせないようにポジションをとるか、空けて誘ってボレーする。

　逆に相手にセンター寄りに打たれ、フォアに回り込んで打たされた、あるいは打つ場合、安易に打つと相手前衛にポーチでとられやすいため、逆にストレートを攻めにいくか、ストレートにロビングをあげるなどしてかわし、様子を見ながら展開していく必要がある。

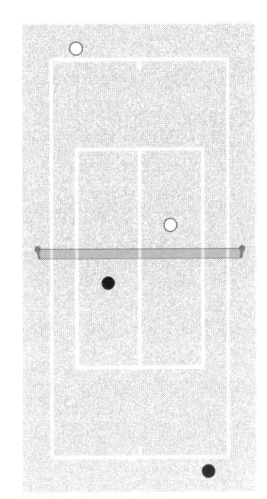

[図3.6]
正クロスのゲーム展開

❷——右・左ストレートのゲーム展開

　右ストレートの場合、相手後衛をフォアに回り込ませて、ストレートにポーチに出る。味方の後衛がセンターに深いボールを打ったら、相手後衛は流すコースに打ちやすいため、前衛はサイドを誘ってボレーする。クロスにロビングで振り相手後衛を走らせたら、引っ張るコースに打ちやすいため、その方向に意識をおく。相手後衛の足が遅い、あるいは深いボールで厳しい場合は、シュートは打ちにくいため、ロビングがセンターにあがることも意識におく。

　左ストレートの場合、強力なパターンはつくりにくい。味方の後衛の打つコースが少しでもずれると、相手後衛の打つコースが広がり、逆に攻撃を受ける形になるため、注意が必要である。相手後衛に引っ張るコースに打たせてとる形を考えるなら、味方の後衛がセンター寄りに打ったとき、センターラインの内側にポジションをとり、コースを空けて相手後衛に打たせてボレーをする。

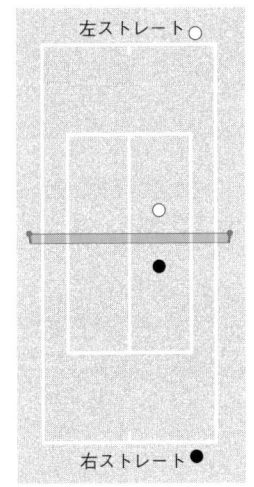

[図3.7]
右・左ストレートのゲーム展開

❸——逆クロスのゲーム展開

　逆クロスのゲーム展開も左ストレートの場合と同様、味方の後衛の打つボールの長さやコースが少しでもずれると、打たれるコースが変わってくる。

　前衛は後衛の打つボールに対応して的確なポジションをとり、特にこのコースは引っ張るコースにロ

ビングをあげられやすいため、シュートだけでなくロビングにも対応できるように心がけたい。

また、相手後衛がバックで打つ場合、初級者では引っ張るコースにボールが集まりやすく、前衛は逆クロスにポーチに出るのもセオリーといえよう。

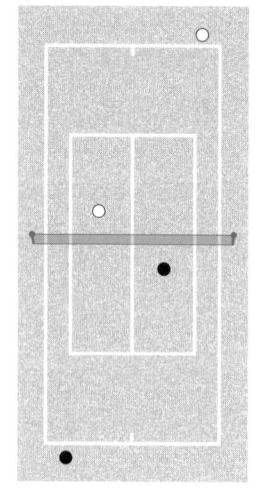

[図3.8] 逆クロスのゲーム展開

3 陣型別攻略法

❶ 雁行陣の並行陣（後陣）に対する攻略法

並行陣のチームに対しては相手1人だけと戦うようにする。ドロップショットを打ち、相手の陣型を崩す。グラウンドストロークの弱いほうの選手にボールを集めると、味方の前衛のポジションがとりやすい。後衛がコースを散らすと、相手前衛はポジションの移動に忙しく、陣型が崩れてすきが生まれやすい。

並行陣はネットに前衛がいないため、ツイスト、

COLUMN
コラム　世界のソフトテニスの動向

コートサーフェスによって、作戦・戦術的な戦い方は変わってくる。

国際大会では、男子の場合、ハードコートで行われることが多く、今や韓国、台湾ともに、前陣の並行陣が主流となっている。前陣の並行陣の特徴としては、アンダーカットをするサーバーが2人とも前につき、いきな

りボレー、スマッシュで決めるパターンである。

日本の男子は、その戦法に遅れをとっているのが現状である。逆に、女子の場合は、まだ雁行陣で戦うのが主流であるが、日本でも2人ともオールラウンドなプレーをめざしているケースがある。もちろん、ペアの特徴やそれぞれの能力に応じて陣型を選択していくべきである。

このような情勢のときに、ジュニア指導をどう考えるかに関しては大きな検討課題になっている。

カットなど、短いボールやセンターへの攻撃は有効である。特に短いボールはネットプレーの弱いほうの選手に多用する。

また、並行陣と戦うときは、味方の前衛がポイントすることが難しく、基本的に相手のミスを待つことが多いため、粘り負けしないように根気強く戦うしかない。前衛はあまりバタバタせず、守りを固めながら、的を絞ってねらいを定め、それに徹することが大切である。

❷ 並行陣（後陣）の雁行陣に対する攻略法

攻略法の考え方としては、以下のような基本ポイントを押さえておくことが先決である。

- 相手後衛を走らせるなどして、1対2の展開をつくる。
- 前衛のサービスやレシーブ時に前に詰めてくるところを徹底して攻める。
- 相手とのラリーの応酬、前衛との駆け引きがカギとなり、ゲームのカウントや相手の心理状態を瞬時にとらえ、攻撃していく。

相手後衛を左右のロビングで走らせ、陣型を崩して前衛アタックやセンター攻撃を多用し、決め球でポイントする。とにかく相手前衛にポイントされないように、どんなボールでも返球する。相手はシュートボールが多いので、それに対応できるようにしておく。あらかじめセンターに打たれたとき、どちらが打つか、方針を決めておき、迷わないようにする。どちらかが前衛の近くに打った場合、もう1人はフォロー体勢を常に準備しておくことが大切である。ラリーが長くなるにつれて焦りから力みが生じるため、つなぎのロビングを1本混ぜるようにしてひと呼吸おき、相手より先にミスしないよう心がける。

並行陣（後陣）のゲームスタイル

[表3.1] 並行陣・雁行陣のメリット、デメリット

	後陣の並行陣
メリット	・どんなボールでも返球でき、相手にポイントをとられにくい ・前衛アタックでポイントをあげやすい ・簡単なミスをしにくい ・1人の守備範囲が狭くて済む
デメリット	・ポイントをとりにくい ・強いペアをつくるのに時間がかかる ・相手にいろいろな攻め方をされやすい
	雁行陣
メリット	・ネットプレーでポイントをとられることがない ・ポジションにメリハリがあるので、それぞれのペアがとる範囲がはっきりしている
デメリット	・ロビングを打たれ、1対2のプレーになりやすい ・前衛が攻められやすい

4. 試合に臨む際の心構え

❶ 試合前のアップ

　大会での試合数を確認し、さまざまなケースを考え、おおよその計画を立てておく。量的には少々きついくらいで、汗が出る程度が望ましい。もちろん夏と冬とでは感じ方が違うので、日頃から自分をベストの状態へ持っていくための方法を考えておく。心肺器官をはじめ、ストレッチングなどのけがを防ぐ身体的準備の他に、精神的（心の）準備も同時に行う。ベストの状態で試合に臨めることが理想といえる。

　短い時間で集中力を高めることが大事であるが、個人差があるため、自分の一番良いゲームの仕方を知ることが大切である。

❷ 試合に入るときの心構え

　意気込み過ぎると空回りの状況が生まれやすく、軽い気持ちで臨むと集中力が欠けた状況が生まれやすい。そのため、自分にとって適度な緊張感をつくることが大切である。そのときの状況によっても異なり、個人差によっても違うため、各自が試合前の練習で緊張やプレッシャーを感じとっておくことが大切である。ペアで一言「頑張ろう」などと声をかけ合うことも、けじめをつける意味でも必要である。
　レベルがあがるにつれ、勝ちたいという気持ちが強くなるため、勝つために何をしなければならない

かをパートナー同士でよく考える。勝ちたいという気持ちだけの入り方はしないように気をつける。それまでの練習の中で行ってきたことを思い出し、自信を持ってプレーする。

❸──競った場面でチーム力を発揮させるための方策

競った場面は、心理的プレッシャーがさらに強くなる。この重圧に負けたときに、「経験が足りなかった」「精神的に弱かった」などということになる。そこでの経験というのは日頃の練習と置き換えることができるもので、練習のときからペアでペナルティーなどを決め、お互いに緊張感を持って練習する。そうすれば、「平常心を失う」「力が入る」「思考回路が乱れる」「ペアのやろうとすることがバラバラになる」などの要因が少なくなり、大事な場面でも普段のプレーができるようになる。

また、お互いに声をかけ合ったり話をしたりして、けじめをつけることによって集中力を高めることができる。

大事な場面で迷ったときほど難しいことを考えず、いま自分ができることを迷わずに自信を持ってプレーする。「考え過ぎず、単純になること」が大切である。

❹──初対戦の試合の留意点

対戦相手の特徴を大きく2つに分けると、1つはゆっくりと様子をうかがうようなテニスと、もう1つは速い勢いのあるテニスに分けられる。このどちらにも対処できるように準備をしておく。対戦前に、相手の練習や試合を見て、その特徴を理解しておくことも必要である。

- グリップの特徴
- 引っ張りと流しのどちらが得意か
- シュートとロビングのどちらが得意か
- 弱点はどこか
- 利き手はどちらか
- スマッシュとボレーのどちらが主か、または得意か
- どんなサービスを打つか　など

初対戦であることにこだわらず、あくまで自分たちのペースで試合を行うことも大事である。

❺──相手チームの弱点を見抜くには

自分が攻撃的、積極的に打つことも必要であるが、相手に打たせてミスを誘うという気持ちも大切である。ゲーム前の乱打やゲームの始まった段階で、次のようなことを試してみるぐらいの余裕を持つことが、相手の弱点を知ることへとつながっていく。

- 速いボール、ゆっくりしたボールの処理
- フォアとバックの得意・不得意
- 走らされたボールと、定位置のボールの処理
- 短いボールと長いボールの処理
- ローボレーのフォア・バックの処理
- スマッシュボールの処理

❻──風が強い日の作戦と試合方法

風上の場合は、10割の力で打つのではなく、風を計算に入れ、5～7割の力でしっかり構えて高い打点で振りきって打つようにする。また、チャンスボールでは思いきって前衛を攻めることも必要である。

風下の場合は、シュート、ロビングともに打ちやすくなり、風上より有利に試合が運べるため、気持ちを楽に余裕を持って戦うとよい。ロビングを有効に使い、相手の陣型、体勢を崩してミスを誘う戦法もある。

横風の場合は、風に流されて前衛の近くを通るミドル気味のボールになる場合と、前衛を避けてサイドアウトしてしまう場合がある。風を計算に入れ、

Chapter3：ソフトテニスのゲーム技術の指導

コートの外から中に入っていくコースでの展開をつくっていく。良い打点でボールをとらえるのが難しくなるため、フットワークを使って軸足の設定に注意する。

　風上の場合、前衛は相手後衛のボールが短くなることが多いため、守る範囲を広く見て、リラックスして待球姿勢をとることが大切である。逆に風下の場合は、相手後衛が風を気にしてシュートボールを打つことが多いため、ネットに詰めてモーションを有効に使うことを意識する。

❼──大会時の1日の過ごし方 　　　（注意すること、食事や飲み物 など）

　集中できる環境をつくるよう意識する。夏場などは特に日に当たるだけでも体力を消耗してしまうため、試合の合間などは日陰で休むようにする。また、冬場は体が冷えやすいためにけがを引き起こしやすいので、常に体を冷やさないように心がけさせる。

　食事は、朝食には肉などの消化の悪い物は避け、エネルギーになりやすい炭水化物を摂るとよい。また、昼食は一気に食べずに、試合の合間を見はからって消化の良い物をこまめに少しずつ摂っていくとよい。

　飲み物は、スポーツ飲料水などの電解質を含んだ物がよいが、あまりこだわらずに自分の飲みやすい物がよいだろう。また、のどが渇いたと感じる前に、こまめに水分を摂っていく必要がある。

SOFT TENNIS

CHAPTER **4**

第4章
ソフトテニスのトレーニング

Chapter4：ソフトテニスのトレーニング

1. ソフトテニスに必要な要素とは

　ソフトテニスにおけるプレーは、体力的な要素にメンタルな要素が加わり、技術が発揮される。一流といえる選手は、これらの技・体・心がかなり高いレベルに達している。それは、もともと持っている素質に環境条件が加わり、トレーニングの積み重ねによってなされた結果である。一流といえる野球界のイチロー選手や松井秀喜選手、サッカー界の中田英寿選手や中村俊輔選手など、どの選手を見ても、生まれつき持った素質あっての結果であると考えがちである。しかし、トレーニングの可能性を追求する姿勢が極めて重要である。

　競技力は以下の公式で表される。素質に加えて環境の条件がうまく適合して、高いパフォーマンスが生まれるのである。

競技力＝素質×環境（トレーニング）

　環境条件のひとつとして、努力することができるという要素も重要な適性のひとつである。一流の努力なくしてトップにはいけないことを心して取り組ませることが大切である。「一流は一流の努力をし、超一流は超一流の努力をする。しかし、二流は二流の努力しかしない」とよくいわれるが、ジュニアの時期から能力がないとか、適性がないと考えるのではなく、努力が可能性を引き出していくものであるという考え方を植えつけるべきである。

　また、「天才は有限。努力は無限」という言葉がある。努力は限りなく可能性がある。

　ここでは、ソフトテニスのプレーヤーとして身につけたい要素として、5つのCと7つのワークを図に示しておく。

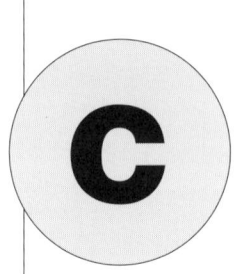

C
1. コンディション（condition）
2. コントロール（control）
3. コンセントレーション（concentration）
4. コンフィデンス（confidence）
5. コンビネーション（combination）

[図4.1] 5つのC

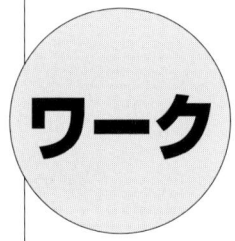

ワーク
1. フットワーク
2. ボディーワーク
3. ラケットワーク
4. リストワーク
5. ヘッドワーク
6. ペアワーク
7. チームワーク

[図4.2] 7つのワーク

2. ジュニア期における
トレーニングの考え方

　競技はあくまでも学生生活のなかで、学業との両立をめざすことが先決である。

　そのような状況で競技力を高めていくためには、技術・戦術、体力・運動能力、心理面、栄養面など、総合的なバランスをとりながらトレーニングを行うことが大切である。

　なかでも、特にジュニア期において重点的にやるべき内容について整理しておく。これらはあくまでひとつの基準と考えてほしい(5歳から21歳を対象とした「発達段階に応じた指導育成プログラム」は161ページ付録参照)。

❶──身体・運動能力の課題

　多くのスポーツに触れることによって、基礎的な体力・運動能力を身につける。特にさまざまな球技を経験することで、ボールや相手の動きを含めたリズム、タイミング、バランス能力を高め、状況判断能力も自然に身につくようなプログラムを取り入れる。

❷──技術・戦術の課題

　柔らかいボールの特性を肌で感じ、手のひらの原理でラケットを自由に操作できるようにするとともに、ボールの回転の仕方を理解する。基本的な技術については変な癖が身につかないように、常にチェックしながら習得させる。仲間同士でお互いに協力

右手は○、左手は△を同時に動かすコーディネーション

し合って、ラリーの続く楽しさを経験できるようにする。

❸ ゲームづくりの課題

ダブルスのパートナーやチームの仲間と協力してソフトテニスを楽しくプレーし、活動できるようにする。初期の段階では、ミニゲームや簡易ゲームを工夫して、遊び感覚で楽しむ習慣を身につけさせる。

❹ 心理面の課題

興味、関心を持たせるとともに、自ら楽しむ態度を養い、自分で表現し、考え、創造する習慣を身につけさせる。また、仲間と共感できるような感受性や思いやりを自然に身につけさせる。

ジュニアの段階では、特にあいさつ、マナー、エチケット、準備や後かたづけ、ボール拾い、フェアプレー、スポーツマンシップの精神など、良き行動規範を身につけさせるべきである。このような基本的な態度を身につけさせながら、意欲的に技術を上達させるとともに、ゲームを勝ち抜く精神的な強さを高めさせる。

❺ 栄養面の課題

基本的な望ましい食習慣の基礎をつくる。好き嫌いをなくし、3食をきちんと食べる習慣を身につけさせる。お菓子や清涼飲料水などの多量摂取や暴飲暴食を避けさせる。また、骨の発達のためにカルシウム摂取を心がけさせたり、たんぱく質の必要量をチェックしたりするなど、トレーニング効果を生み出すための栄養摂取の重要性を認識させる。

❻ コーチングの課題

ソフトテニスに参加する楽しさ、ゲームをする面白さをいかに経験させるかが重要である。基礎・基本を重視し、かつ個性を尊重した指導を行う。

ジュニアの段階では、特に「型にはめる指導」「強制的にやらせる指導」「鍛え過ぎる指導」「勝つことにこだわる指導」などには十分配慮したいものである。最初の指導者との出会いは将来のテニススタイルを決め、またスポーツや勝敗や人生の価値観をつくるほど重要である。それだけに子どもの能力の可能性を配慮し、遊び感覚を重視しながら、自主的な行動選択ができるような指導を心がけることが大切である。

練習やトレーニングは自らがソフトテニスを楽しむ気持ち、またうまくなりたい気持ちで取り組もう！

3. トレーニングの原理・原則

トレーニングを効率的に行うためには、人間が適応するうえで基本的な法則に則って実施することが大切であり、性、発育発達、体力・運動能力や競技レベルに応じたプログラムの提供が必要となる。ここでは、一般的な原則を簡単に紹介する。

❶ 意識性の原則

トレーニングへの動機そのものは指導者あるいは選手自身が抱くものであるが、自らが新たな技術や能力の獲得を求めて、積極的かつ自主的に行われるべきである。すなわち、敏捷な動きができなければ具体的なフットワークのトレーニングを、筋力がなければパワーアップのプログラムを用意する必要がある。

ここで大切なことは、今実施しているトレーニングを強制的に行わせるのではなく、これを継続すればこの部分が鍛えられ、技術やゲームでこのように生かされていくという意識と、自らが積極的に行う姿勢を持たせることが重要である。

❷ 全面性の原則

スポーツに限らず、人間の能力開発は全面的に行われるべきである。特に、ソフトテニスなどのラケットスポーツの打動作では、利き手を酷使している。片側が発達して腕の太さや長さが変化し、成長期に過度の偏った負荷を与えることが、体の発育、内臓の発達にとって将来マイナスとなって現れる危険性がある。体のトータルなバランスを十分過ぎるぐらい配慮したトレーニングが必須である。右手である程度できるようになれば、それを左手でも挑戦する機会をつくる。

特に、ジュニアの段階では他のスポーツ、例えば水泳、サッカー、バレーボール、バスケットボールなど多くのスポーツ経験が必要であり、徐々にうまくなり強くなってきたならば、さらに勝つためにより専門的なトレーニングの割合を増やしていくのが自然なやり方である。

❸ 特殊性の原則

レベルがあがってくると、ソフトテニスの技術に特化した特殊的かつ専門的なトレーニングが必要に

なってくる。この原則は身体的な側面のみならず、技術や戦術・戦略、さらには心理的側面にまで適応される。

❹──個別性の原則

この原則は性、年齢、体格、運動能力、コンディション、競技レベル、学習の仕方、心理的な特性（欲求や性格）など、個人差に応じて実施されるべきである。特にジュニア期における成長の仕方は、個人差が大きい。体の組織、特に筋肉、靭帯、腱などが未成熟であり、性、早熟の程度などを考え、一律に同じようなハードトレーニングを課すことは危険であることを心しておきたい。

❺──オーバーロードの原則

生体の機能は、ルーの法則に従うといわれる。すなわち、刺激が弱ければ、機能は低下し、組織も萎縮を起こす。逆に過度な刺激を与えると、スポーツ障害を起こすことになる。適度な刺激に対して、組織や機能が発達するのである。したがって、トレーニングの質ならびに量が弱過ぎても強過ぎても効果は少ないので、個人差を考えながら、選手の心理的および生理的な能力に応じて、負荷を徐々に増やしていくことが必要である。

❻──継続性の原則

「継続は力なり」とは、昔からよく使われている言葉である。技術練習もしかり、体力トレーニングも長期的な展望に立って、反復し継続することが求められる。とかく三日坊主で終わることが多いが、高い目標を設定して日々努力する習慣を身につけさせる。

◎トレーニングの原理・原則

4. 発育発達に応じたトレーニング

　図4.3に、おなじみのスキャモンの発育曲線を示した。これは人間の体の諸器官、組織の発達は決して一様ではなく、それぞれ発育・発達する時期やスピードが異なることを意味している。したがって、これらを効率よく発達させるためには、個人の発達の状態をよく把握したうえでプログラムを考えることが必要である。特に神経系の発達に関しては10歳から12歳ぐらいのジュニア期が最も著しく、この時期に神経に刺激を与えて動きづくりができるようなプログラムをいかに多く提供するかが必要となる。

　トレーニングの内容を上手にできるようになること（神経・筋系）、粘り強くなること（筋・呼吸循環系）、力強くなること（筋・骨格系）に分けると、図4.4のようなプログラムの配列が重要になる。

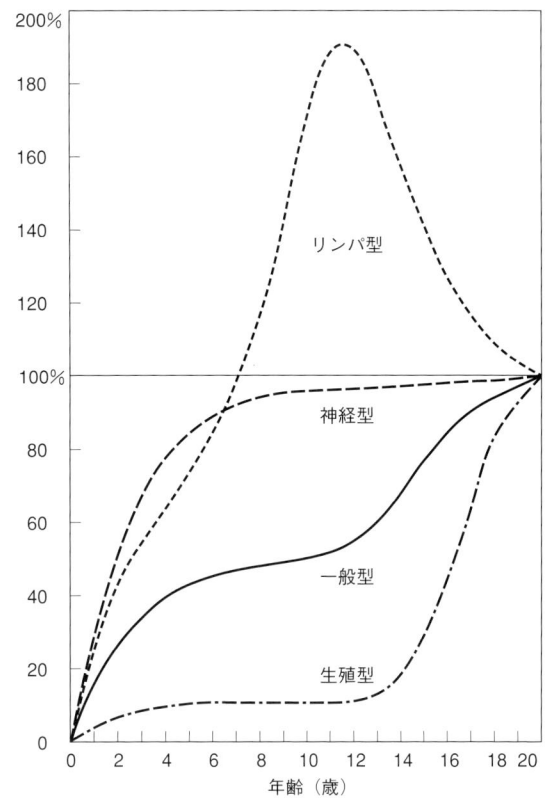

[図4.3] スキャモンの発育曲線

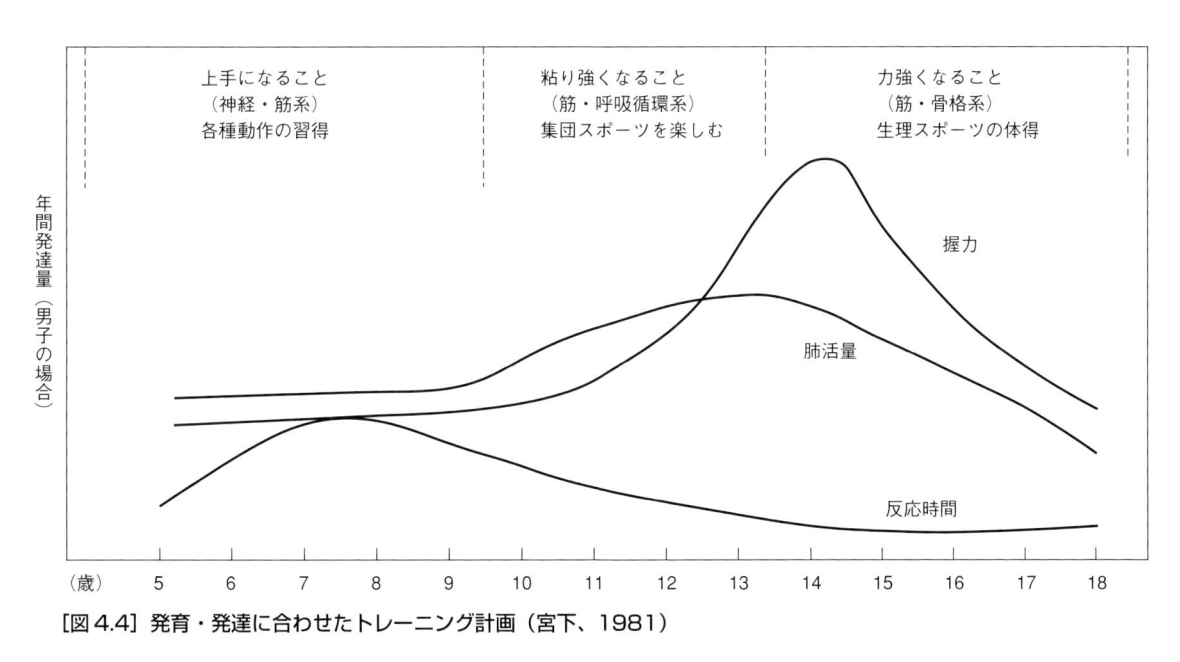

[図4.4] 発育・発達に合わせたトレーニング計画（宮下、1981）

Chapter4：ソフトテニスのトレーニング

１　コーディネーショントレーニング（神経系）

　特に、ジュニア期には動きづくりに重点を置いたプログラムが用意されるべきである。１つのスポーツにこだわることなく、多くの種目に親しむことが重要である。手や腕を使い、足や膝を使い、肩や腰を使い、体全体をバランスよく使うことが、ソフトテニスの技術に大いに生かされていく。

　ここでは、ボールを自由に操作する技術やラケットを扱う操作、ソフトテニス導入のためのプログラムを紹介する。これらをもとにしながらアレンジして、独自のプログラムを考案してもらいたい。

❶──ボール操作（ハンドリング）
●１人で
1）トスアップ（片手で、両手で、交互に、高さを変えて、ジャンプしてキャッチ、しゃがんでキャッチ）
2）バウンド（片手で、両手で、交互に）
●２人でキャッチボール
1）オーバースロー、サイドスロー、アンダースローで
2）それぞれの投げ方をフォアハンドの要領で（写真１）
3）それぞれの投げ方をバックハンドの要領で（写真２）
4）ボレーの要領で、かごに入れたり、的に当てたり
5）ボールをそれぞれ２個持って、左手キャッチ後すぐにボールを持ち替えて右手スロー
6）ジャンプスマッシュの要領で

❷──ジャグリング
1）片手で２個（上に、下に）（写真３）
2）両手でそれぞれ２個（同時に、交互に）
3）片手で３個

▲写真１／フォアハンドの要領でサイドスロー

▲写真２／バックハンドの要領でアンダースロー

▲写真３

4) 両手で3個（写真4）

❸ ラケットワーク(ラケット操作)

1) ラケットの両面でボールを交互につく
2) 表→フレーム→裏の順番で交互につく
3) フレームだけで連続して何回つけるか挑戦する
4) トスアップしたボールをラケットでキャッチ
   （ジャンプして、しゃがんで）
5) ボール2個をラケット上で交互につく（写真5）

❹ ラケットを使った地面へのボールつき

1) その場かけ足をしながら
2) 両足または片足ジャンプをしながら（写真6）
3) 開閉脚で（左右または前後に開閉）
4) 膝を屈伸させながら、またはアキレス腱を伸ばしながら

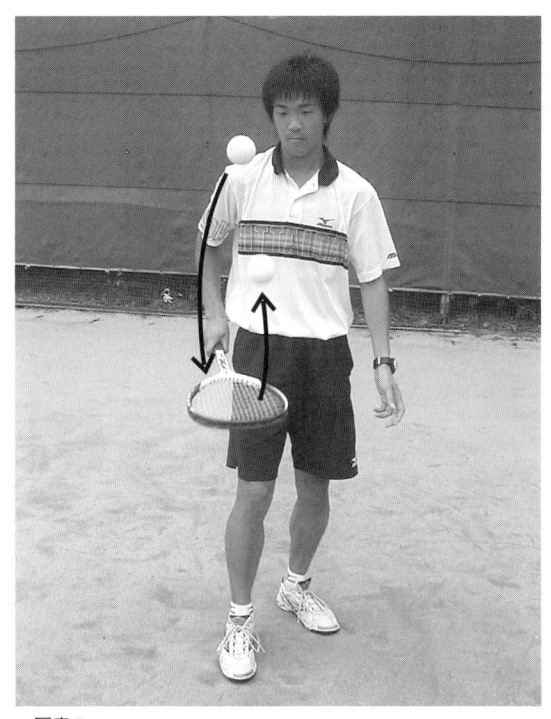

▲写真4

▲写真5

▲写真6

Chapter4：ソフトテニスのトレーニング

▲写真7

▲写真8

5) ももを高くあげながら（写真7）
6) スキップしながら
7) 両足をそろえて左右交互に跳びながら
8) 片足で左右交互に跳びながら
9) クロスステップしながら
10) 2人でボールつきをしながらジャンケン

❺ 2人でワンバウンドボレー

1) その場かけ足をしながら
2) 打った後に体を1回転させながら
3) 打った後にラケットを回しながら（体の後ろ、または左右のももの下を通す）（写真8）
4) 打った後にラケットを上に投げて手をたたく（左右のももの下で、後ろで）

❻ ピンポンストローク

1) ボール2個のラリー
2) 打球後自分のボールを左右に移動して置き替えながら、もう1個のボールでラリー
3) サービスボックスでのショートラリー

❼ ボールの種類を替えて、❶〜❻のトレーニングを行う

1) ふわふわボール
2) ソフトテニスボール
3) 柔らかい硬式テニスボール
4) 硬式テニスボール

2　フットワークトレーニング（敏捷性）

　敏捷性を高めるためのフットワークのトレーニングは必須である。ここでは代表的なトレーニング法として、ステップワーク（サイドステップ、クロスステップ、バックステップ、図4.5）とコートを使ったシャトルラントレーニング（図4.6）を紹介する。
　この他にも、じゃんけんをして勝てば逃げる、負ければ追っかけるというような正しく判断して素早く反応するトレーニングなど、より実践的なプログラムを工夫することが大切である。

3　スタミナトレーニング

　スタミナをつけるためには、心肺機能をトレーニングすることが大事である。代表的なトレーニングでは長い距離を走るロードワークがある。また、10m、20mダッシュを組み込んだ短距離インターバル走を取り入れるとよい。

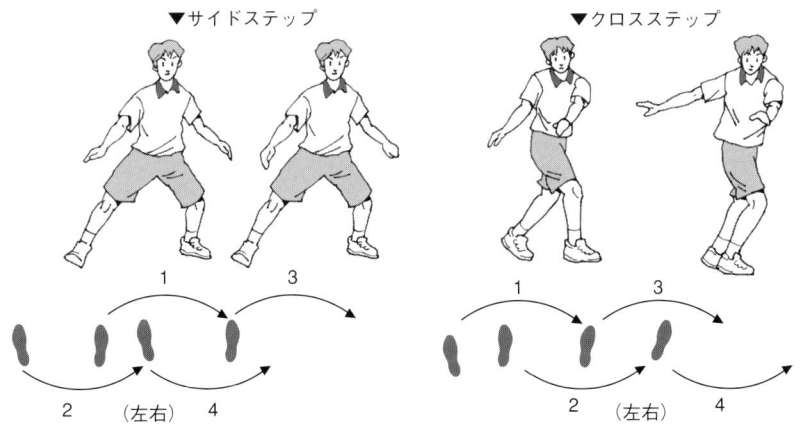

◎発育発達に応じたトレーニング

▼サイドステップ　　　▼クロスステップ　　　▼バックステップ

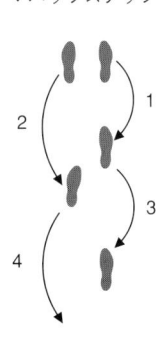

[図4.5] ステップワーク

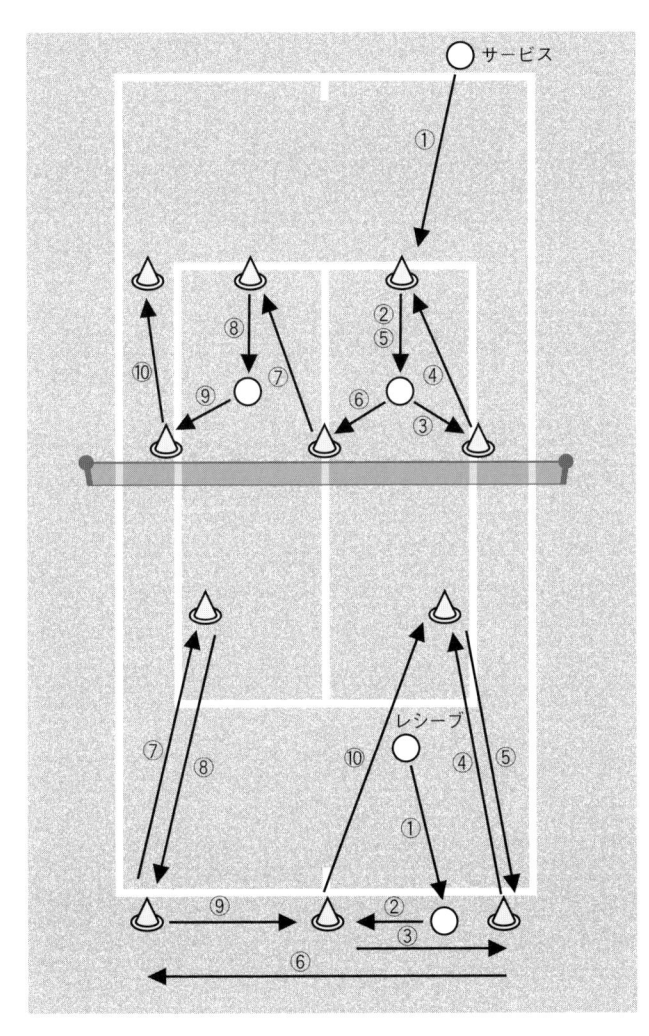

◀前衛のゲームでの動きを想定して

〈例〉
①…サービス後、前進フットワーク
②…さらに定位置に前進フットワーク
③…ストレートにバックボレー
④…ボレーした後の後退フットワークでスマッシュ
⑤…定位置に前進フットワーク
⑥…クロスにフォアボレー
⑦…後退フットワークでスマッシュ
⑧…定位置に前進フットワーク
⑨…ストレートのフォアボレー
⑩…後退フットワークでスマッシュ

※10球練習のようなパターンをつくって、
　フットワーク練習をしよう

◀後衛のゲームでの動きを想定して

10球練習でレシーブからの動きを
トレーニングしよう！
（いろいろなパターンを想定）

[図4.6] コートを使ったシャトルラン

137

Chapter4：ソフトテニスのトレーニング

④ サーキットトレーニング

　数種目のトレーニングを組み合わせて1セットとして、筋肉や呼吸・循環機能の漸進的な発達を目的としたコートでできるサーキットトレーニングの1例を図4.7に示した。

　トレーニング間の移動はゆっくりと行うようにする。

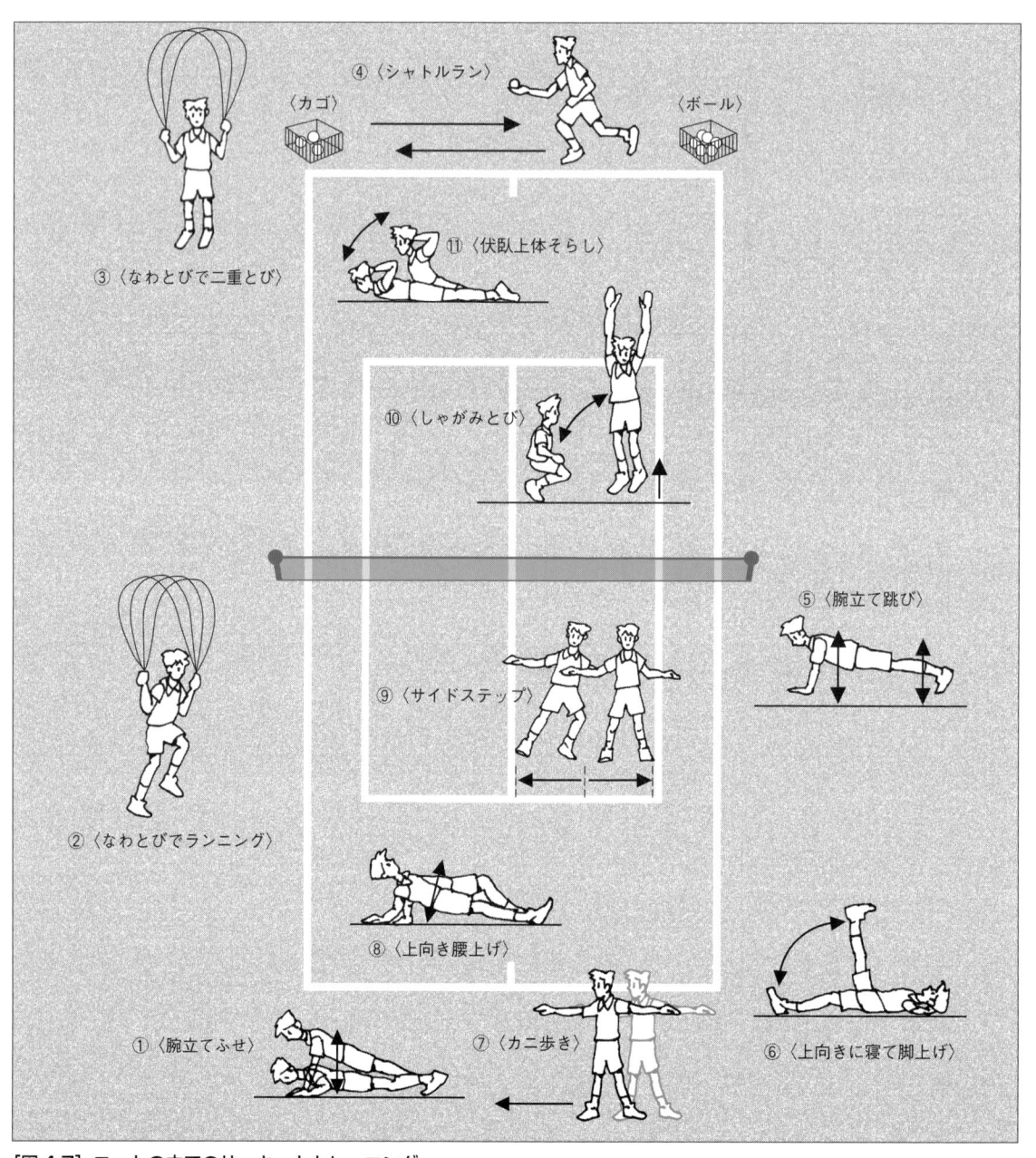

① 〈腕立てふせ〉
② 〈なわとびでランニング〉
③ 〈なわとびで二重とび〉
④ 〈シャトルラン〉〈カゴ〉〈ボール〉
⑤ 〈腕立て跳び〉
⑥ 〈上向きに寝て脚上げ〉
⑦ 〈カニ歩き〉
⑧ 〈上向き腰上げ〉
⑨ 〈サイドステップ〉
⑩ 〈しゃがみとび〉
⑪ 〈伏臥上体そらし〉

[図4.7] コートの中でのサーキットトレーニング

◎発育発達に応じたトレーニング

⑤ パワートレーニング（筋力・パワー）

　敏捷な動きやコーディネーション能力がある程度できるようになってから、筋力アップやパワーアップをめざすべきである。

　例えばスクワットなどは、体に負担がかからないような方法を工夫（ハーフスクワットなど）してほしい。その他のトレーニングとしては、ももあげなどが適切であると思われる。

ハーフスクワット

ももあげ

Chapter4：ソフトテニスのトレーニング

5. ジュニア期のメンタルトレーニング

　ジュニア期においても、技術、体力、そしてメンタルな部分のトレーニングはバランスよく行われる必要がある。体力面と同様に、ジュニア期にメンタル面で何を指導し、身につけさせるかは極めて慎重に考えるべきである。特に、根性論で精神力を鍛えようとする指導には十分注意しなければならない。厳しく指導することは反骨精神を起こさせることにはなるが、楽しい好きなソフトテニスから離れてドロップアウトする、あるいは鍛え過ぎて「バーンアウト（燃え尽き症候群）」する者も少なくない現状を把握しておくことが重要である。「楽しさ」と「厳しさ」のバランスは、個人個人の我慢耐性や興味、価値観、性格などを考えながら指導にあたることが大切となる。
　ここでは、より基本的なメンタルトレーニングを紹介する。
　気持ちや心の持ち方はひとつの習慣である。「習慣は人間の行動を構成する」といわれるように、行動の習慣だけでなく、心の習慣を育てている。年齢を重ねるにつれ、それ以前に習得した行動や傾向に強く影響を受けることは事実である。
　ここでは習慣形成に関する2つのポイントを挙げる。1つは、良い習慣を養うことは悪い癖や欠点を修正するよりもはるかにやさしいということ。もう1つは、一度身につけた悪い習慣を打ち破ることは、イライラするほど難しいということ。すなわち、プレーする際、ミスしたときやポイントしたときの表情、振る舞い、しぐさ、態度、気持ちや心の持ち方、考え方、さらにはマナー、フェアプレー、スポーツマンシップなどの行動規範を身につけておくことが極めて重要となる。年齢が若ければ若いプレーヤーほど、良い習慣を身につけさせたいものである。

❶――まずは楽しむこと
　ソフトテニスがいかに好きか、楽しいか、面白いかという興味を、もっと高める取り組み方が必要である。指導者としては、「アメとムチ」のさじ加減で「動機づけ」をいかにうまく個人に応じて与えられるかがポイントとなる。「好きこそものの上手けり」である。

❷――意欲・やる気や情熱を高めること
　選手自身がソフトテニスを好きで、うまくなりたい気持ちが強くなり、指導者に問題意識をもって質

問やアドバイスを求めてくる場合がひとつのチャンスである。やる気がなくなっている選手に対する指導は、試行錯誤で動機づけの方法を駆使して、辛抱強く、あせらずに働きかける。

❸――緊張をコントロールすること

あがってしまって力が発揮できない選手は、緊張のコントロールを覚える必要がある（図4.8）。適度な緊張感がどの程度かを自分で知り、いつでもその状態にもっていくことのできる方法を身につける必要がある。

リラックスの方法として、深呼吸、笑顔訓練、筋弛緩法、自律訓練法などを取り入れるとよい。逆に、緊張が足りない場合は、サイキアップの方法として、気合いを入れたり、顔をたたいたり、アップテンポの音楽を聴いて興奮状態をつくったりすることも必要となる。

❹――良いイメージを描くこと

フォームイメージ、ゲームイメージ、セルフイメージなど、日々の練習の中で一流選手のビデオやDVDなどを利用して良いイメージをつくることが大切である。大きな試合観戦もイメージづくりに欠かせない。

❶イメージトレーニングの目的
- 新しい技術や動作パターンの習得
- フォームの矯正・改善
- 競技遂行に先立つリハーサル
- 心理面の改善・対策（自信ややる気の喚起、あがりの克服、思考習慣や生活習慣の改善）

❷イメージトレーニングの具体的な実施法
1）静かな場所でリラックスして実施する
2）五感を総動員して視覚イメージをつくる
3）環境をイメージする
4）日常の簡単なものから、スポーツ場面へと移行する

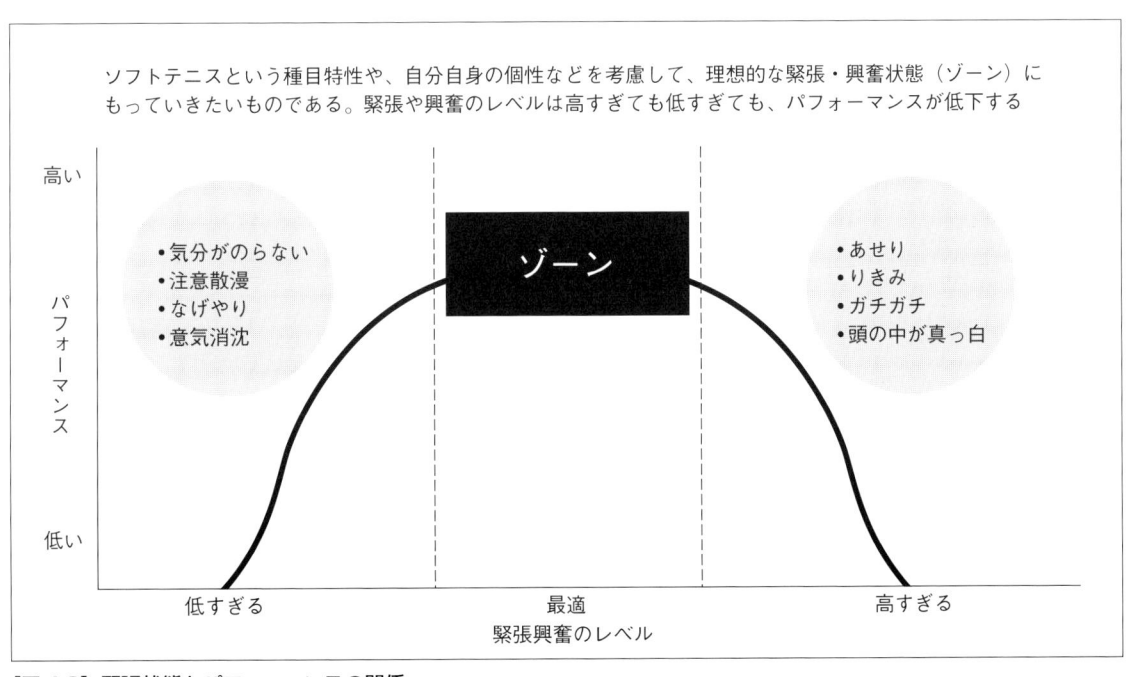

[図4.8] 緊張状態とパフォーマンスの関係

ソフトテニスという種目特性や、自分自身の個性などを考慮して、理想的な緊張・興奮状態（ゾーン）にもっていきたいものである。緊張や興奮のレベルは高すぎても低すぎても、パフォーマンスが低下する

左側（低すぎる）：
- 気分がのらない
- 注意散漫
- なげやり
- 意気消沈

中央：ゾーン（最適）

右側（高すぎる）：
- あせり
- りきみ
- ガチガチ
- 頭の中が真っ白

縦軸：パフォーマンス（高い／低い）
横軸：緊張興奮のレベル（低すぎる／最適／高すぎる）

5）写真やビデオをフルに活用する
6）現実感が伴うように、できるだけ実際の練習場面で行う
7）"みる"イメージではなく、積極的に"やる"イメージで行う
8）視覚的イメージはカラーで描く
9）できるだけ細部まで詳しく思い描く
10）イメージを引き出す言葉やキューワードを利用する
11）否定的セルフイメージを積極的・肯定的な発想に転換する

❺──集中する方法を独自に身につけること

短時間で注意を切り替える方法として、以下のようなものがある。

❶視線のコントロール法

何かの物体を長時間注視する練習や、２つあるいはそれ以上の物体を交互に見る練習、また大事な場面で視線をあらかじめどこかに決めておくことで集中する能力を高める。

❷キューワード法

リラックスでき、集中できることにつながる言葉をあらかじめ用意しておいて、大事な場面で自分にいい聞かせる。例えば「リラーックス！」「らくーに」「自信を持って」などが挙げられる。

❸セルフトーク

1）否定的思考の停止

どんな場合でも自分を悪く考えないことが大切である。否定的なイメージや考え方が浮かびそうになったら、「ストップ」と声に出して、積極的な部分に意識を切り替えることが大切である。

2）肯定的なひとり言を用いる

「自分なら必ずできる」「今日はやるぞ！」というように、自分を肯定的・積極的な面からとらえることが良いプレーにつながる。

3）ルーティン

ルーティンとは、プレーする前に集中状態をつくるための決まった動作のことをいう。どんな状況に直面しても、集中したい場面やプレーの直前に「これをすれば集中できる」という動作、例えばサービスの際、ボールを必ず３回つくといったルーティンを練習であらかじめ決めておく。

❻──自信を持ってプレーする習慣を身につけること

自信のある選手は「プレッシャー場面でも冷静でいられる」「困難な場面でも実力が発揮できる」強さを備えている。❶から❺で述べてきた、緊張をコントロールする方法、よいイメージづくり、集中する方法などを利用して、自信を持ってプレーできるようにする習慣づくりが大切である。

◎ピークパフォーマンスの分析◎

自分の最高度にできたプレーの分析をしておくことが重要である。それがどんな状態であるかをまとめてみると、以下のような特徴が挙げられる。

↓

- 筋肉がリラックスしている
- プレッシャーを感じない　・やる気がある
- うまくいくような気がする
- 心が落ち着いている　・プレーが楽しい
- 無理がない　・無心にプレーする
- 機敏に動ける　・自信がある
- 集中力がある　・自分をコントロールできる

SOFT TENNIS

CHAPTER **5**

第 5 章
ソフトテニスのスポーツ科学

Chapter5：ソフトテニスのスポーツ科学

この章では指導者として知っておくと役立つ科学的な原理・原則について、生理学、バイオメカニクス、心理学、医学、栄養学の立場から述べる。

1. ソフトテニスの生理学

1 姿勢制御（姿勢と反射）

　姿勢は、一般に動的なものと静的なものとに分けられる。これらはすべて次に行う動作への準備としてとる姿勢であり、「構えの姿勢」と呼ばれる。レシーブ時の構え、ネットプレーでの構えなどのように、静的な状態で待っているときでも、飛んでくるボールに対して適切に反応しなければならない。そのためには、筋肉に適度な緊張状態をつくり、リラックスされた、しかも瞬間的に反応できる状態が必要である。膝を柔らかく使った小刻みな踏み替え動作やスプリットステップなど、その人にとって最も動きやすい状態がそれにあたる。

　その際、動的であれ静的であれ、人の姿勢は常にすべてが随意的にコントロールされているわけではなく、人間の持つ反射機構を無視することはできない。頸反射、迷路反射、腰反射といった姿勢反射によって、頭部や腕、足や体幹部と四肢との関連で動きが規定されている。すなわち生まれつき持ち合わせている多くの反射との関連で、より合理的にコントロールされている。したがって、素早い的確な動きをするためには、無駄な緊張、過度な緊張は動作をぎこちなくさせるだけでなく、結果としてミスを招くことになる。

　ソフトテニスの構えの姿勢においては、ボールスピードに対応して的確な動きができる状態が求められる。一般的に、サービスでインパクト時のラケットヘッド速度は120～130km／h、ボール速度はインパクト直後で160～180km／hである。サービスからレシーブまでの時間は0.7～1.2秒、後衛が打球してから前衛がボレーするまでの時間はもっと早くなる。単純反応時間（ランプがついたら反応する）0.3秒と、選択反応時間（青なら1、赤なら2、黄は3）0.5～0.7秒をいかに短縮するかが必要であり、そこにはボールゲームである予測判断というパフォーマンスを規定する重要な要素が求められる。

グラウンドストローク時の構え

ネットプレーでの構え

2 呼吸調節

　人間の動作には呼吸が大きく関与している。意識の持ち方は緊張状態や呼吸相に作用し、必要な技術をスムーズにプレーできるか、ミスをもたらすかにかかってくる。したがって、ソフトテニスの技術を発揮するうえで、呼吸をうまく調節することが求められる。

　熟練したサーバーはトスアップで吸気し、一端止めて、フォワードスイングで息を吐きながら、さらにインパクトを迎える呼吸パターンが認められるといわれる。また、グラウンドストロークにおいては、待球姿勢の際は深呼吸しながらリラックスし、バックスイングに合わせて吸気しながら息をためて、フォワードスイングで息を吐き出しながら、インパクトで息を止めるパターンが認められるともいわれる。

　このように技術によって呼吸調節をうまく行い、自分で吸気、止息、呼気をどのように意識すれば、スムーズなプレーができるかを練習の中で体得したいものである。

　経験的な立場で表現するならば、ポーチボレーの場合は待球姿勢でリラックスし、スタートとともに息を吸いながら、インパクトで一気に口を大きく開けて息を吐き出していく。その際に大きな声を出すことを意識すると、さらに大きな力が発揮される。逆に守りの場合は、息を吸いながらインパクトで一瞬止めてボレーする。スマッシュでは、後退フットワークのときは息を吸いながら軸足を決定し、一瞬息を止めてためをつくり、フォワードスイングとともに息を吐き出していく。このように、呼吸の仕方を考えた練習が大切になる。

　また、ラリーが続くと、呼吸は徐々に抑制される傾向にあり、筋の緊張が高まり、動作のミスを招くことになる。大きな声を出し、息を吐き出して自然の吸気を促すことによって、次の動作をスムーズにすることが必要となる。

　以上のように、発揮する技術や状況によって呼吸をうまく調節し、特に緊張場面では、待っているときは腹式呼吸（深呼吸）を行い、打球姿勢に入るときには吸気、止息、呼気のリズムを意識できるような練習を取り入れるべきである。

Chapter5：ソフトテニスのスポーツ科学

③ 心拍反応

人が運動するためには、筋肉の収縮が必要である。また、その運動を持続するためには心臓や肺などが正常に機能し、活性化する必要がある。

ソフトテニスではどの程度の運動をし、心拍反応はどのようになっているのだろうか。運動時の脈拍を測定することによって、およその身体活動レベルを推定し、運動強度を知ることができる。

ある大学の女子ソフトテニス部員の学生生活の1日の心拍数を記録したものを図5.1に示した。また表5.1には、試合中、ゲーム形式練習、基本練習における心拍数の過去のデータを示した。ジュニア選手の測定資料ではないが、どの程度の負荷をかけて練習するのが適当なのか、常に判断しながら練習を進めていく必要がある。

競技力を向上させるためには、体力を一層強化し、追い込む練習はもちろん必須であるが、個人差が大きく、性差、体力レベル、心身のコンディションなどを考慮することが大切である。

一般にテニスの場合、ゲームでよいプレーをするための心拍数の基準として、1分間に120～150の間が望ましいといわれている。

[表5.1] ソフトテニスの心拍数

状況	心拍数
ゲーム中	男　135～180 beats/min 女　130～140 beats/min （伊藤一生ら1978、伊藤稔ら1978）
ゲーム形式練習	男　後衛　155 beats/min 　　前衛　139 beats/min 　　（加賀谷・山本、1977） 女　後衛　142 beats/min 　　前衛　150 beats/min 　　（今井ら1980）
基本練習	男　練習内容および個人差により 　　120～180 beats/min 　　（加賀谷・山本、1977） 女　練習内容および個人差により 　　100～187 beats/min 　　（水野ら1989）

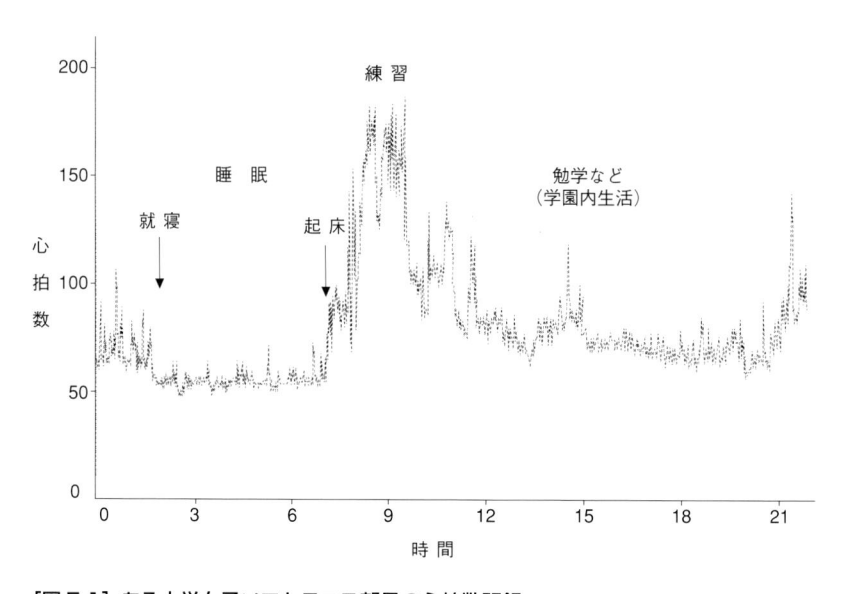

[図5.1] ある大学女子ソフトテニス部員の心拍数記録

2. ソフトテニスのバイオメカニクス

1 ボールとラケット面との関係

インパクトにおけるボールの飛び方は、ラケットの面の傾き、スイングの速さ、スイングの方向の3つの要素で決まるといわれる。

●ラケット面が動かない場合

ラケット面の向いている方向にボールは飛ぶ傾向があり、入射角と反射角の関係がある。

●ラケット面が動く場合

ラケット面がゆっくり動くと面の方向にボールが飛び、速く動くとラケットを振り出す方向にボールが飛ぶ傾向がある。面がよくない選手に対して大事な場面で「ていねいにボレーしなさい」というアドバイスは、向いている面の方向にボールが飛ぶ傾向があるため、エラーを招きやすく、むしろ「打ちたいコースに速く、シャープに振りなさい」というアドバイスのほうが適切な場合がある。ボールはラケット面とは関係なく、振り出す方向に飛ぶ傾向があることも理解しておくべきである。

2 ムチの原理

ラケットヘッドを遅らせて、腕がしなるムチのように使う動作を「ムチ動作」と呼んでいる。熟練者の投動作や打動作において、腕（足）がムチのようにしなる動作（図5.3、148ページ参照）が観察される。ソフトテニスのストロークにおいても、肘→手首→ラケットヘッドの順番に速度のピークが遅れ、またピーク速度もこの順に大きくなる。

エネルギーの観点から見れば、スイング初期の体幹のエネルギーを上腕→前腕→手→ラケットと順次伝達している動作である。

オーバーハンドサービスを例にとると、ラケットヘッドが下にあるときは、腕の全エネルギーのうち80～90％程度が上腕と前腕にあり、インパクト直前にはそのエネルギーは先端へと移行し、手、およびラケットがその70％程度を占めるようになるといわれる。

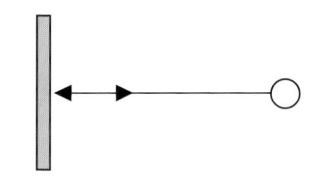

①面が止まっている場合
②面が止まっている場合、入射角と反射角の関係
③面がゆっくり動く場合
④面が速く動く場合

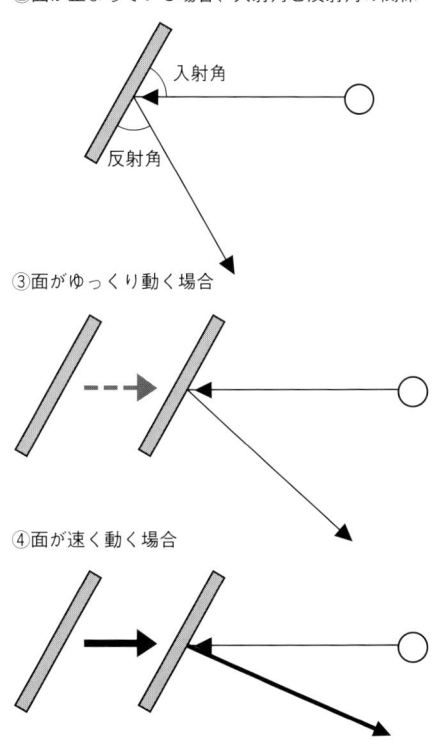

[図5.2] インパクトにおけるボールの飛び方

Chapter5：ソフトテニスのスポーツ科学

❸ 双対動作

　グラウンドストロークで後ろ足から前足へ並進運動（体重移動）がなされ、前足を回転の軸とした体の回転運動が行われる。全身が同じ方向に回る、いわゆるドアスイングになると、ラケット速度はあがらない。より速い上半身の回転を生み出すためには、下半身は逆方向に回転する動きが必要となる。このような体内の逆方向への動きを「双対の動作」と呼ぶ。前足は回転軸であり、その上に左腰があり、頭がある状態が望ましい。上半身と下半身が逆に回るため、軸が必要となる。「かべ」のイメージにより、前足は地面上に固定され、双対の動作を発現させる補助となる。双対の動作は、力学の作用・反作用の法則を反映する。

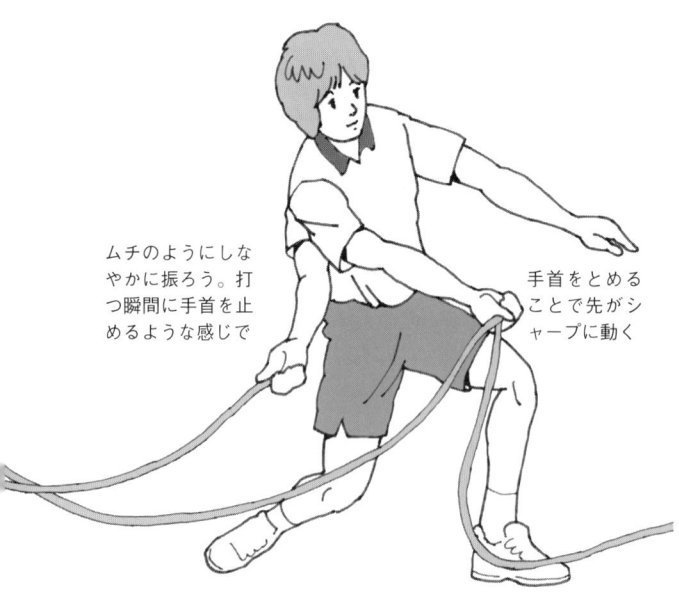

ムチのようにしなやかに振ろう。打つ瞬間に手首を止めるような感じで

手首をとめることで先がシャープに動く

[図5.3] ムチの原理

スマッシュにおける「くの字」の姿勢

148

3. ソフトテニスの心理学

1 スポーツビジョン

スポーツにおいて視覚のはたす役割は極めて重要である。特にソフトテニスのような球技の場合は、後衛対後衛の距離がほぼ25m、後衛対前衛では5～12m、ネットに位置する前衛対前衛では3～5mの範囲で、変化するコースとスピードに対応できなければならない。時間で考えると、シュートボールでは0.5秒から2秒ぐらいで反応する必要がある。特に、ボレーに対するフォローなどでは感覚的に反応する瞬時の動きや左右前後の距離感、スピード感を予測判断して反応する動きが要求される。

ここでは、視覚の中で、利き眼、動体視力、中心視と周辺視（注視点と視野）などの基本的な知識を紹介する。

❶──利き眼

利き眼はソフトテニスのプレーに影響するといわれる。利き眼のチェック法は、前方の目標物に右手、左手の親指と人さし指で三角形をつくって両眼で見えるようにセットし、その後片眼を交互に閉じる。そのときに三角形の中の目標物がずれないほうが利き眼である。この利き眼は、5歳頃までに決まるといわれる。

何かを注視する場合、利き眼を優先させて見ようとする傾向がある。そのため、オープンスタンスとクローズドスタンスの打ち方では顔の向きやスタンスが微妙に変わってくる。すなわち、イースタングリップでクローズドスタンス気味の選手は左利き眼、ウエスタングリップでオープンスタンス気味の選手は右利き眼の傾向が多少あり、グリップ、スタンス、顔の向きなどに微妙な影響を及ぼしていることを知っておきたい。

❷──動体視力、瞬間視能力

動体視力、瞬間視能力は動くものを追従する能力であり、打動作では極めて必要な要素である。電車の中の乗客を識別する訓練もそうであり、また回転する板の穴にピンを立てる作業（写真）、あるいはその上に文字や数字を書いた紙を載せて決められた文字や数字を探し出す探索トレーニングも動体視力を高めることができる。

さらには画面上に8つ並んだ数字が一瞬に提示され、それをいくつ認知できるかという瞬間視能力の訓練なども必要である。

プロ野球のイチロー選手は8つの数字を瞬時に読みとれるといわれる。前衛でアタックを止めるのが得意な選手あるいはフォローのうまい選手は、動体視力がすぐれていることが予想される。

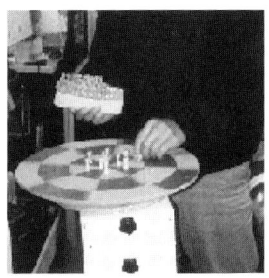

穴が空いている回転板を回転させ、限られた時間でできるだけ多くのピンを刺していく

ピン立て

❸──中心視（注視能力）

「最後までボールをよく見て打ちなさい」というアドバイスは昔から使われている大切な言葉である。特に初心者、初級者はボールを中心視していなければ打てない。ボールをよく見る習慣、ボールに書かれた文字を見ようとする習慣は大切である。あるいは野球などの競技で高いレベルに到達すると、「ボ

ールが大きく見えた」とか「止まって見えた」という現象を表現することがある。また、薄暗くなった夕暮れ時に「心眼で見なさい」というようなアドバイスも出てくる。

　実際にはどこまで見えているかを測定すると、どの技術もインパクトの瞬間にはほとんどボールを見ることはできない。というよりは、その一打で終わるのではなく、次に返球してくる相手が存在し、飛んでくるボール、相手前衛の動き、一瞬の注視から打球したボール、そして相手、というように見る対象が瞬時に移されていかなければ、次の返球に対する反応が遅れることになる。

❹──周辺視能力

　状況を判断する能力は、どのスポーツでも要求される。ボールを中心に見ながら、相手後衛ならびに相手前衛を周辺視視野で見ながら状況を判断する必要がある。「さあ打とう」とする段階で、相手前衛のモーションが目に入ってくる。一瞬気になって迷いが生じるが、相手後衛と前衛の位置関係を確認しながら、コースあるいは球質の打ち分けをしていかなければならない。

　前衛の立場では、相手後衛にとっていかに気になる存在になるかが大切である。人間は動かないものよりも動くものに目がいく特性があるので、モーションを有効に利用するべきである。特に、前衛のモーションは相手との関係でとるタイミングが極めて重要となる。

❷　心理学における原理・原則

❶──プリマックの原理

　好きなものと嫌いなものがあるとする。あなたは食べ物ではどちらを先に食べるだろうか。嫌いな勉強と好きなソフトテニスではどうだろうか。この2つはどちらもやらなければならない。その際、嫌いな勉強を先にすませて、好きなソフトテニスの練習をすると、好きな練習の効果が倍増するという。これを「プリマックの原理」と呼んでいる。

　具体的な例として、スマッシュの練習は好きであるが、ボレーの練習は嫌いだとしよう。この原理に従えば、嫌いな練習をした後に好きな練習をすると、その効果が大きくなるというものである。練習がマンネリ化したときなどに取り入れるとよい。最後に好きな練習をして気持ちよく終わるというやり方もある。嫌いな練習も避けることはできないのだから、嫌いな練習の効果をあげるための工夫はもちろん必要である。ただ苦手意識を克服するのは自分自身の他にはいないことを心して取り組むことが大切である。

❷──プラシーボ効果、ピグマリオン効果

　やぶ医者からもらうどんないい薬も効かないが、権威のある医者からもらうと嘘の薬でも効くという現象がある。これを「プラシーボ（偽薬）効果」と呼んでいる。

　例えば同じアドバイスを受けるにしても、尊敬する指導者とそうでない指導者からでは受け止め方が異なり、明らかに効果が変わってくる。指導者はまずは信頼されることが必要である。

　また、人は期待される行動に近づくという。ギリシャ神話に由来するピグマリオン王の彫った女性の彫刻が人間だったらと強く願っていると、女神が生命を与えたというものである。

周りがこの選手は伸びると信じて働きかけると、どんどん伸びていく。逆にどうも伸びそうにないと思って接すると、その選手は伸びきれないといわれる。これが「ピグマリオン効果」である。

周りの仲間たちのその選手に対する評価も重要である。このことを「プラスの期待効果」ともいい、選手と接するときには「この選手は必ず伸びる」と確信して指導にあたるべきである。

❸──原因帰属の理論

研究によれば、自分のパフォーマンスについてはコントロールできない要因（運、天候）よりも、コントロールできる要因（努力、準備、精神的・身体的技能など）に帰属させるほうが、長い目で見れば、よいパフォーマンスが得られることがわかっている。

また、原因帰属を達成行動との関係で見ると、ワイナーたちは次のようにまとめている。

達成動機の高い人は自分が有能であると認知する傾向があるので、成功を「高い能力」に帰属しやすい。達成動機の低い人は、反対に失敗を「能力」に帰属しやすい。また、達成動機が高い人は、失敗を「努力不足」に帰属しやすい。達成動機の低い人は成功した場合も「能力」や「努力」といった内的原因には帰属することができずに、「運」や「課題の難しさ」に帰属しやすいということである。

従来の研究をまとめると、結果が良かった場合には「力があるから」「ひたすら努力したから」と考え、結果が悪かったときには「実力がなかったから」

Chapter5：ソフトテニスのスポーツ科学

と考えるよりも、「練習が足りなかったから」と考えるように心がけることがやる気を高めるという。要するに、成功するのは「自分の実力と努力のおかげ」、失敗するのは「努力不足のため」という考え方を習慣化できれば、次の行動に対してやる気を高め、それを維持できるのである。

❹──努力逆転の法則

重要な試験や試合がある前夜、寝なければと思えば思うほど眠れない現象を経験しているだろう。そんなとき、気持ちを切り替えて「眠れなくてもいいや」と思って漫画の本でも見ていると、知らない間に寝ていたということがある。

試合で緊張している場面で「あがらないように、あがらないように」と努力すればするほど、プレッシャーを感じて緊張してしまうこともある。そんなとき開き直って「もっとあがれ、もっと緊張して」と言い聞かせると、気持ちが楽になることがある。

有名な話であるが、スキーのジャンプ選手がオリンピックの最後の最後のジャンプで、「遠くに飛ぼう、遠くに飛ぼう」と力んでいる自分に気づいたとき、「落ちろ、落ちろ」と足と会話をした結果、金メダルジャンプが生まれたという。また、ある有名なソフトテニスの選手で勝敗を分けるような大事な場面でプレッシャーを感じている自分に「もっと緊張しろ、もっと緊張しろ」とせき立てて、見事に力を発揮してチャンピオンになった例もある。このようなことを「努力逆転の法則」と呼んでいる。あなたも重要な局面で、この原理を利用してはいかがだろうか。

❸ 動機づけの方法

❶──目標設定の原理・原則

適切な目標設定は、パフォーマンスの向上に貢献するだけでなく、選手の不安を軽減したり、自信を持たせたり、集中させたり、充実感や満足感を与えたりというように、心理面に与える影響は極めて大きい。

目標設定を行うための原理・原則を以下に挙げておこう。

- 一般的で抽象的な目標ではなく、詳しくて具体的な目標を設定する
- 現実的で挑戦的な目標を設定する
- 長期目標も大切であるが、短期目標も重視する
- チーム目標よりも個人目標を重視する
- 勝敗目標よりもプレー目標を設定する
- 目標に対して、その上達度が具体的かつ客観的に評価されるよう工夫する

❷──結果の知識の与え方

技術指導において、経験を積み重ねながら効果的な指導法を確立していく必要がある。

ここでは一般的によく使われている視覚的手がかり、言語的手がかり、筋感覚的手がかりを用いた指導におけるポイントを示す。

1 視覚的指導

初期の段階では、技術指導において言葉で伝える方法よりも視覚を通して伝えるほうが有効な場合が多い。

1）示範の仕方

指導者が「このようにやりなさい」と示範をすることがよくあるが、いっていることと異なる動きをしている場合が往々にしてある。示範の場合は、より簡単に、よりシンプルに、より正確に、注意するポイントを絞って示すことが大切である。また、見

せる位置や角度によってイメージの描きやすさが変わる。

例えばグラウンドストロークを前から見せると、膝、腰、肩の入れ方や体の回転がよくわかる。体の真横から見せると、スタンス、ラケットスイングの軌跡、膝の曲がり方や体重移動、打点の位置などがはっきりわかる。このように見る位置や角度を変えて、大切なポイントを絞って見せることが大切である。

2）視覚的教材の利用

最近、ビデオやDVDが有効に利用されている。日本ソフトテニス連盟で制作した指導用DVD『世界に翔ばたけ トッププレーヤーへの道』も、世界でトップになるために、従来の指導に対して固定観念を取りはらって、新たな視点を加え、問題意識を引き出す工夫がなされた教材である。いま一度、指導方法を振り返って考えてみてはいかがであろうか。

2 言語的指導

技術指導における言語的教示、すなわちアドバイス用語は極めて重要である。

1）効果的な言語教示

- 結果の善し悪しに言及するだけでなく、より具体的に客観的な数値で表されると、それを手がかりに修正を試みることができる。
- 結果の情報を提示する時期については、プレーの結果をすぐに指摘する「即時確認の原理」が基本となる。ただし、結果を自分で評価し修正しようとする能力はあるので、すぐに与えるよりも多少の時間的余裕を与える配慮が必要である。
- 結果の情報を与える頻度に関しては、頻繁に与えることが必ずしも最良の結果を生むわけではない。与え過ぎは結果の知識に対する依存度を増し、主体性や能動性を育てにくいといわれる。
- 技能レベルが低いほど、一度に２つも３つも指摘するのではなく、わかりやすい言葉で「一度に１つのポイントに絞ったアドバイス」が必要である。
- できるだけ理解しやすい言葉、例えば比喩的な表現をうまく利用する。

2）比喩的表現、擬態語、リズムづくりによる言語教示

動きのイメージを引き出す言葉として、目標となる動作をよく知っている、あるいは経験している何かに例えた比喩的表現、擬態表現、リズムをとる表現などを有効に用いることが必要となる。参考例として、表5.2に言語教示の種類を示した。

3）動機づけとしての言語教示

動機づけが高まる言葉がけについてみてみよう。激励の言葉「頑張れ！」「しっかりやれ！」といった叱咤激励の言葉も有効ではあるが、努力目標を具体的に設定するよう指示された条件のほうが上達は早いことが知られている。また「ナイスショット！」「これはすばらしいプレーだ！」といったほめ言葉、

[表5.2] 言語教示の種類

比喩的表現	擬態語	リズムをつくる言葉
・ムチを振るような感じ ・卵をつぶさないようにそっと握る ・タオルを首に巻きつける感じで ・布団たたきの感じで ・ほうきではらう感じで ・左腰に壁をつくるような感じで	・ポンと ・シュッと音がするように ・ピシャッとたたく ・風を切るように ・すっすっはっはっ ・うーんぱっ	・タ、タ、ターン ・ターン、タ、ターン ・チャーシューメン ・イチニーサン ・ポーンポン

ほめる程度も何段階か用意しておくことが大切である。「やれるぞ！」「必ずうまくいく！」といった暗示をかける言葉も大切である。

③ 筋感覚的指導

これは運動筋感覚、すなわち筋肉や関節の動きの手がかりを利用することによって正しい技術を習得する方法である。

1）身体拘束法

体の一部を拘束する、あるいは固定することによって動作の感じを覚えさせようとする方法である。フォームの変な癖を修正するためによく用いられる（図5.4）。

2）反応強制法

ガイダンス法ともいわれる。これは体の部分を強制的に動かしてあげることによって、正しい動きを身につけさせようとする方法である（図5.5）。

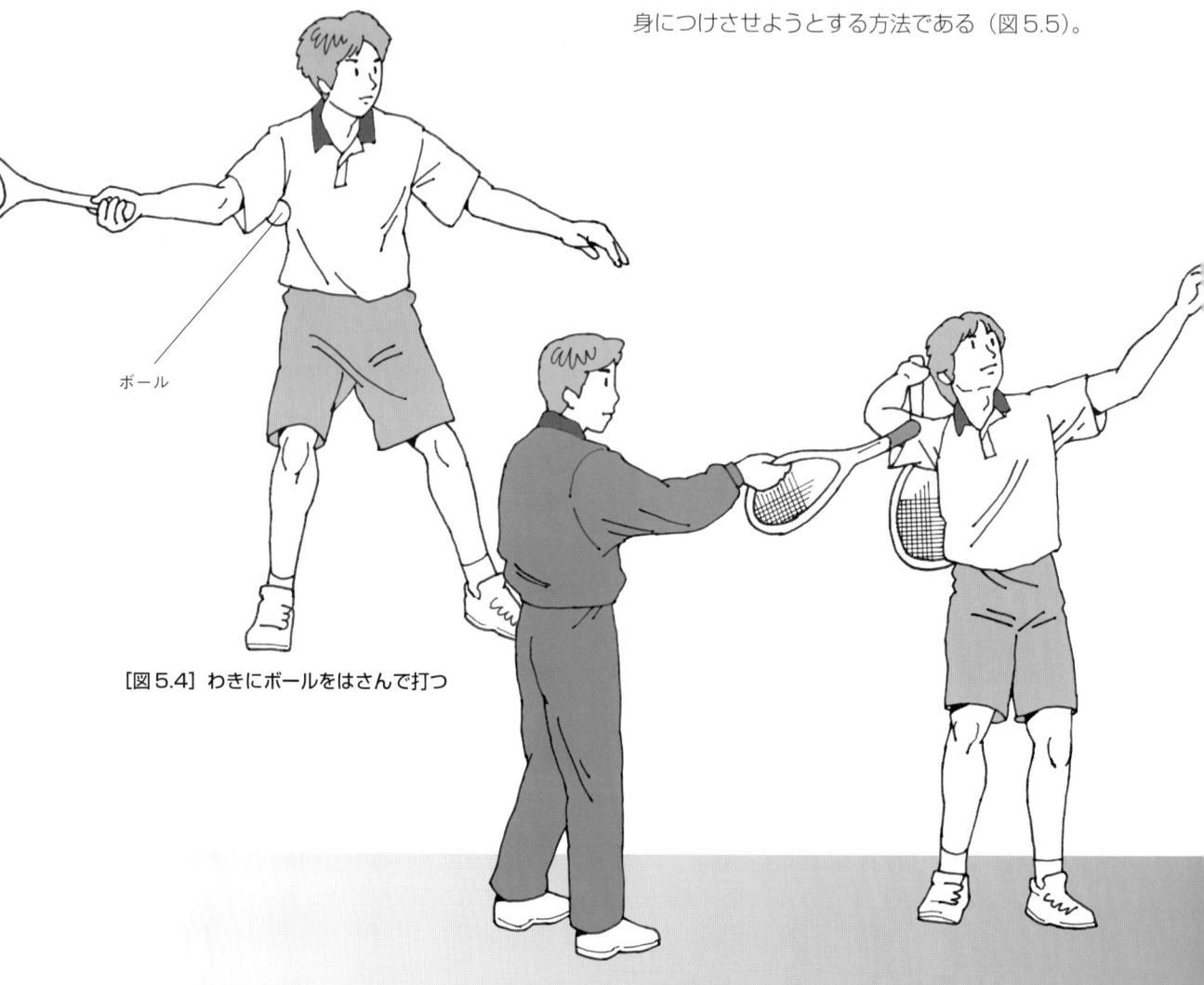

［図5.4］わきにボールをはさんで打つ

［図5.5］手やラケットで体の部分をおさえる

4. ソフトテニスの医学

1 救急処置の方法

　コートでの救急処置に関しては、指導者として最も基本的な原則を理解し、あわてず冷静な対応が求められる。骨折、捻挫、打撲などの受傷後、すみやかな処置をすることが大切である。
　骨には異常がないということで、受傷後そのまま放置して、後に慢性の痛みに悩まされる場合も多い。重傷なときは医療機関にすみやかに運ぶことが先決であるが、軽傷と思っても、すぐにRICE（S）療法を実施することが肝心である。

❶──REST（安静）
　まずは運動を直ちに中止させ、安静状態をつくって休ませ、様子を見る。外傷だけではなく、どこかに痛みを訴えたり、こむら返りや気分が悪くなって休ませる場合も同様である。

❷──ICING（冷却）
　次に、受傷後は直ちに冷却（アイシング）し、それ以上の内出血や浮腫を防ぐ。冷却には氷が最適であるが、ない場合は水道水や自販機の冷えた缶などで行う。冷却は20分程度が適当で、あまり時間をかけると凍傷を起こすことがあるので注意する。最初は痛みを感じ、次に熱く感じ、そして徐々に麻痺してくる。この時点で一度冷却を中止し、感覚が戻るまで様子を見た後、再び冷却する。慢性の痛みや障害の予防のためのアイシングは効果的であり、習慣にすることも大切である。

❸──COMPRESSION（圧迫）
　外傷部位を圧迫して、腫脹がこれ以上ひどくなるのを防ぐ。圧迫が強過ぎると、受傷部位より末梢の血流が悪くなるので、外傷の程度によって圧迫する部位や加える力に注意する。氷の入ったビニール袋を軽く固定する程度の圧迫がよい。

❹──ELEVATION（挙上）
　水分は静水圧で上から下へと移動する。患部を心臓よりも高く挙上することで、腫脹を防ぐ。気分が悪いときや意識障害時には下肢を挙上し、頭部への血流を増すようにするとよい。

❺──SUPPORT（支持）
　捻挫や骨折では、副木や三角巾、テーピングなどを使用することによって、受傷部位が安定し、安静効果もあり、痛みが和らげられる。ただし、テーピングをしたまま練習を続けることは避ける。

2 テーピングの方法

　テーピングとはけがの予防・応急処置・再発予防を目的とし、関節や筋肉を固定・圧迫するように医療・スポーツ用のテープを体の一部に巻く方法のことである。

❶──テーピングの目的
1 予防として
　けがを未然に防ぐことを目的としたテーピング。コンディショニングだけでは十分なけがの予防ができない部位、例えば足首、手首、指などで行う。
2 応急処置として
　けがをした部位の安静固定・圧迫を目的としたテーピングで、アイシングと併用して行う。患部全体を包み込むようにしてしまうと、過度の圧迫が加わ

ってしまい循環障害を起こす危険性があるため、一部にテープを貼らない部分を設けておく必要がある。

3 再発予防

けがをした人は、応急処置→治療→リハビリテーション→運動復帰という過程を踏む必要がある。同じけがの再発を防止することを目的にしたテーピングで、本来の強さまで戻っていない場合が多く、その部位を補強しておこうというものである。

❷── テーピングの効果

1 関節の特定の動きを任意に制限する

関節の特定の動きだけを任意に制限でき、その他の動きにはほとんど制限を加えずにすむので、スポーツを行うことを可能にする一方、けがの予防・再発予防になる。

2 靱帯や腱を補強する

解剖学に基づき、靱帯や腱の位置に沿ってテープを貼る必要がある。

3 圧迫を加える

特に筋肉部分に対して部分的圧迫を加えることが可能であり、また圧迫の強さを加減することもできる。

4 痛みを和らげる

不安定になった関節を固定し、安定させることにより、痛みを和らげることができる。

5 精神的な助けとなる

けがの再発に対する不安感を軽減することができる。

❸── テーピングにおける注意事項

1 一般的な注意

1) 医師の診断

2) 腫れの有無

腫れのある関節部位にテーピングするときには、腫れの逃げ場を残しておくことが大切である。

3) 循環障害

テーピングした部分やそこから先の部分に循環障害を起こしてしまったのでは逆効果である。

4) 関節の動きと靱帯の位置

無造作にテープを巻くのではなく、どの動きを制限すればよいのかを把握しておく必要がある。また、補強すべき靱帯の正確な位置をよく確かめておくことも大切である。

5) テーピングをしておく時間

予防・再発予防のテーピングは、皮膚への影響を考えて、原則的には運動の30分から1時間前に行い、運動後30分以内に取るようにする。応急処置のテーピングでは安静を保つという前提で、1〜3日くらいテーピングしたままという場合もある。

6) テーピングの方法

まず基本的な方法を習得したうえで、選手の状態に合わせて方法、貼る角度、テープの貼り具合、固定の強さなどを応用するとよい。

2 テーピングを実施する際の注意

①汚れていたり、汗がひどい場合はその部分を石鹸などでよく洗い、乾かしてからテーピングする。
②テープのずれを少なくし、またテープを取る際の不快感を和らげるためにも、できる限り毛を剃っておく。
③テープのずれを防ぐため、その部分に接着スプレーを十分に吹きかけておく。
④足首の前後や膝の後部など、テープと皮膚との間の摩擦が生じやすい部分には、ワセリンを塗ったガーゼまたは脱脂綿を当てておく。
⑤皮膚が過敏であったり、長期にわたって毎日テーピングする場合にはアンダーテープを巻き、その上からテーピングする。
⑥原則的には、テーピング終了まで関節の角度を一定に保ち、筋肉や腱の緊張を維持させる。
⑦テーピングする部分の形に合わせてなめらかに

貼る。しわ、たるみ、すき間などがあると、かゆみや水ぶくれの原因となる。

⑧テープの引っ張り具合を一定に保つ。張力が不均一だと1点にストレスが集中し、不快感を引き起こす。

⑨テーピング終了後、その部分を綿密に観察して、循環障害の有無を確認する。

⑩テープを取るときには、貼るときと同じくらい細心の注意を払う必要がある。

（(株)アシックス資料提供）

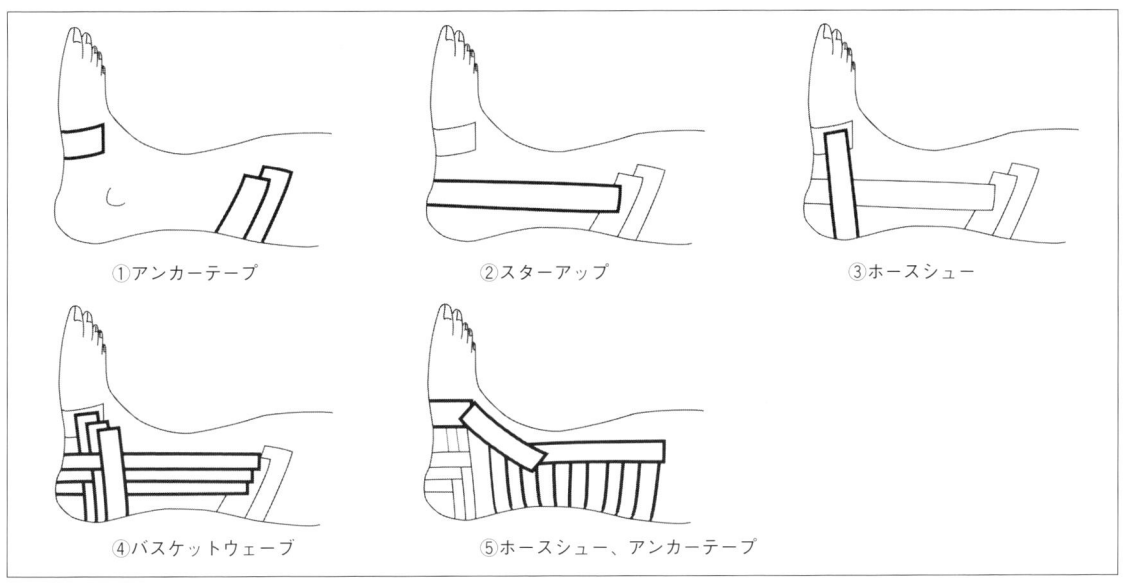

①アンカーテープ　②スターアップ　③ホースシュー

④バスケットウェーブ　⑤ホースシュー、アンカーテープ

[図5.6] 応急処置のテーピング

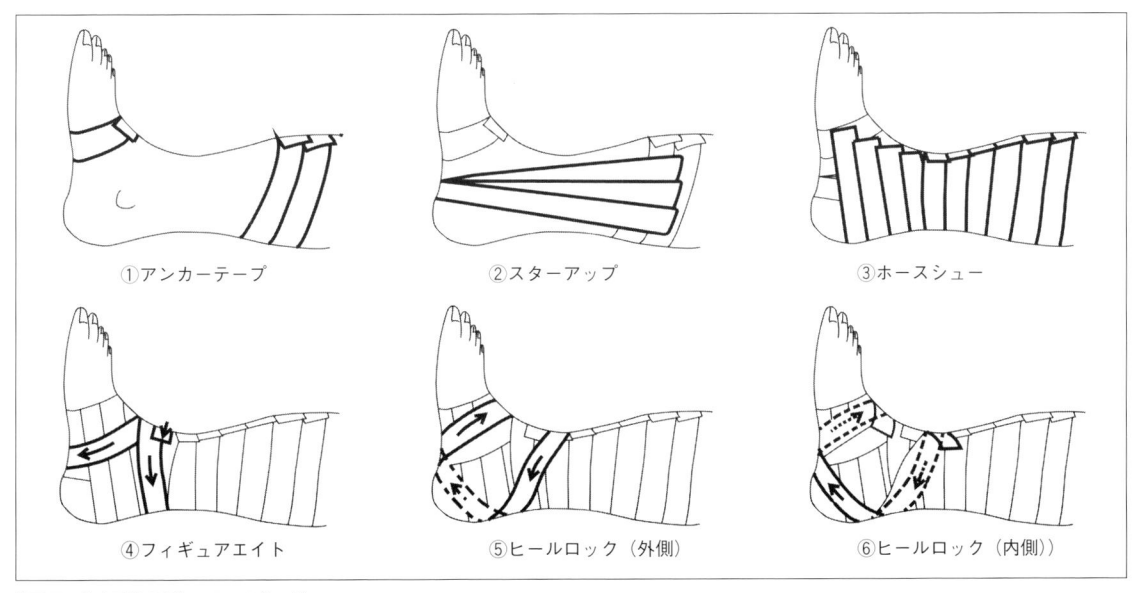

①アンカーテープ　②スターアップ　③ホースシュー

④フィギュアエイト　⑤ヒールロック（外側）　⑥ヒールロック（内側）

[図5.7] 再発予防のテーピング

157

Chapter5：ソフトテニスのスポーツ科学

5. ソフトテニスの栄養学

運動を効果的に行うためには、その活動に見合った適切な栄養補給を行うことが極めて重要である。

栄養補給に関しては、一般に次の3つのバランスが重要となる。これらの基準と具体的な食事内容や留意点を簡単に示しておくことにする。

❶ エネルギー消費量と食物の摂取量のバランス

消費量とは、一般に次のような公式で表される。

$$消費量＝基礎代謝量＋運動量＋成長量$$

生命を維持していくために必要な最低限のエネルギー量である基礎代謝に、労働や活動に必要な運動量と、発育や発達のために必要となる成長量を加えたものである。

個人差はともかく、日々消費したエネルギーを随時補給することが基本である。お腹が空いた分だけ摂取するということである。

❷ 栄養素のバランス

図5.8はそれぞれの栄養素とそれらが体の中に吸収されてからの主な役割について示したものである。これらの栄養素は体内に摂取されることによって、それぞれ違った栄養効果を発揮する。例えばたんぱく質の場合、筋肉、骨格、血液などの体の器官や組織づくりに使われ、炭水化物であれば主に運動のエネルギー源として使われることになる。

これらの栄養素をバランスよく配合した食事とはどのようなものか。ここでは比較的容易に取り組める食事の改善法について示す。

① **6つの食品群からバランスよく食べる習慣づくり**

表5.3に示す6つの基礎食品群から、少しずつでもよいからバランスよく何品か選んで食べる習慣を身につける。

② **主食・主菜・副菜がそろうように組み合わせを考え、消化・吸収のよい食品を選ぶ**

食品の選択に関しては、できるだけ消化・吸収のよいものを選び、食卓が色合いよく、おいしそうに見えるよう配慮をし、楽しい雰囲気で食事できるよう工夫する。特にごはんやパン、うどんといった主食となる糖質を毎食しっかりと摂取することが大切である。

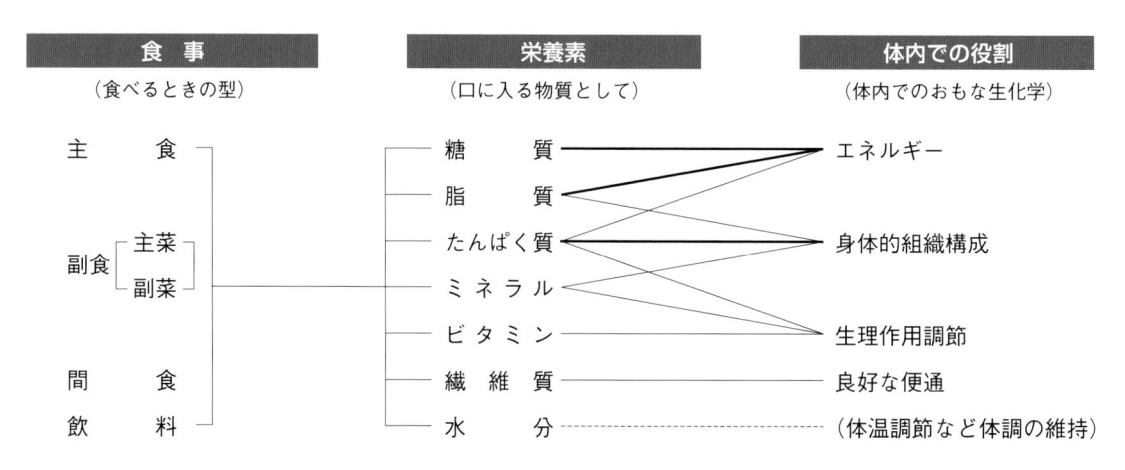

[図5.8] 栄養素とその役割

[表5.3] 6つの食品群とその栄養素

6つの食品群	栄養素	
乳・乳製品 小魚、海草	たんぱく質 カルシウム よう素 ビタミンB2	身体組織構成 (血液、骨や肉 をつくる)
卵、魚介類 肉、豆類	たんぱく質 脂質 ビタミンB2	
いも類、穀類、 砂糖	糖質 ビタミンB1	エネルギー (力や体温となる)
油脂	脂質 ビタミンA ビタミンD	
緑黄色野菜 くだもの	カロチン ビタミンC カルシウム	生理作用調節 (体の調子を整える)
その他の野菜 くだもの	ビタミンC カルシウム	

❸ 一日3食を必ず食べる

午前中の活力は朝食から、午後の活力は昼食で、一日の活力の総合的な補充と体力づくりは夕食でという栄養補給の仕方が基本である。ところが最近、特に若者に朝食を抜く習慣ができている。心身の消耗の激しいスポーツマンなら、なおさら朝食を食べる習慣を身につけ、朝食で卵、牛乳、のりなどのたんぱく質や無機質を多く含んだ食事を心がけることが大切である。

❹ 新鮮な野菜を多く食べる

最近、乾燥食品やレトルト食品、冷凍食品などの加工品が多くなり、不必要な塩分や糖分の摂取が増えてしまっている。食品添加物の入った食品では有害な物質が体の中に入り、体への余分な負担をかけてしまう。したがって、できるだけ新鮮な野菜を意識的に摂る習慣を身につける。

❺ ミネラルの補給を心がける

運動することによって、筋肉や他の組織でナトリウムやカリウムといったミネラルを消耗する。ミネラルが多く含まれた果物を代表するバナナや、アーモンドなどのナッツ類で適宜その補給を図る。

❸ 水分の排泄量と摂取量のバランス

一般に、成人では通常2.5ℓの水を体外に排泄するといわれる。そのうち尿による排泄が約1.5ℓ、呼吸による排泄が約0.5ℓ、皮膚からの蒸発が約0.5ℓ、残りの少量が便によるものである。正常な生命維持のためには最低2.5ℓ程度の水分補給が必要であり、その半分は食事から、残りを水やジュースで補給している。

特に激しい運動をするスポーツマンは、排泄量に見合った水分補給が基本であり、暑い夏場の大会などでは水分の摂り方の工夫が必須となる。冷やしトマト、オレンジ、砂糖を加えて冷やしたレモンなどの果物と合わせたミネラルを補足しての水分補給が大事となる。

SOFT TENNIS

付録
1. 競技者育成プログラム
2. 発達段階に応じた指導育成プログラム

APPENDIX

SOFT TENNIS

1 競技者育成プログラム

■システムについて

　これまでにも、さまざまな地区や地域で、年間にして1～2回の強化練習会（強化合宿・トレーニング・キャンプ）が、中体連や高体連の支部活動として行われてきた。この形をもっと発展させて、3～4階層の強化システムにバージョン・アップを図りたい。

Step 1
　まず、近郷の市町村で、U-14、U-17などの（導入の段階は、中学校単位、高等学校単位が始めやすい）合同の練習強化会を年間計画に基づいて開催する。
　市町村レベルでは困難な場合は、各都道府県の中体連や高体連の既存の枠組み（郡市単位、〇〇支部、××地区など）を利用するなど、各都道府県支部、各市町村支部の事情を考慮し、有望な人材の発掘、育成を広くすすめていく。

Step 2
　Step1の市町村支部におけるU-14,U-17の強化練習会や強化合宿によって選ばれた強化対象の指定選手は、もうひとつ広域的で、もう一段グレードの高い、例えば県の強化練習会・強化合宿で、合同練習を行う。
　いままでの国体強化や小学生・中学生の都道府県対抗大会に向けての選手選抜・強化練習会などが、これに相当する。地域によっては、この都道府県レベルから、実際の強化活動を始めるところもある。
　U-14、U-17という年齢で分けた理由は、（U-14）中学1・2年生と小学生高学年、（U-17）高校1・2年生と中学3年生というように、小・中・高校といった枠組みを外し、交わっていくことがひとつの大きな理由である。
Step1、Step2の指導者については、各都道府県連盟が任命する（上級指導員、指導員の資格を有している指導者から任命されることが望ましい）。

Appendix：付録

Step 3
　さらに県を代表する数名の選手はもうひとつ上の地域（ブロック）レベルの強化練習会に参加する。
　年間に1回、ブロックごとでの強化練習会を行い、そこでさらに全日本の年齢別各カテゴリーの選考会に選出するブロック推薦選手を選考する。この時点で、各都道府県から選出されるわけでなく、同一都道府県から複数名選ばれることもあれば、逆に選ばれないこともある。それに対して、各都道府県支部の強化方法を精査する必要が出てくる場合も考えられる。
　また、U-20に関しては、学連、実業団、高校、中学から下限年齢制限を設定せず、全日本U-20選考会への推薦選手を選考する（19歳以上の選手については、全日本社会人大会、全日本学生選手権大会、JOCカップの大会結果により推薦選考を行う）。

Step 4
　各ブロックから選考された選手と**日本ソフトテニス連盟の推薦選手**（注1）によって、各カテゴリーにおいて、オーディション型選考を行い、技術のみではなく、身体・運動能力・フィットネステスト（持久力・筋力・柔軟性・瞬発力・敏捷性・調整力・ハイパワー・ミドルパワー）・心理的要素などの総合的な見地により選考し、全日本の選手を決定する。各カテゴリーのナショナルチームの選手は、積極的に国際試合を経験させ、自覚と経験を積ませ、将来の日本代表へとつなげていきたいと考えている。
　この選考会の時期については、夏に開催される全日本の大会、秋の全日本総合選手権大会以降と考えている。U-14から育ってきた選手が将来、日本代表となるのが、ひとつの理想的な形である。したがって、U-14の選考は毎年行われ、入れ替わりも多いと予想されるが、U-17、U-20になるに従い、その入れ替わりが少なくなってくる。
　また、各カテゴリーは、練習会場をブロック別に巡回（3カテゴリー×男女＝6カテゴリー×年間3回の合宿＝年間18回の合宿を9ブロックで巡回）し、同時に指導者講習会やブロック研修会を開催し、中央とブロック（地域）との意思の疎通を図ることも考えている。

注1：全日本大会での上位入賞者（全日本小学生選手権大会、全国中学校大会、全日本高校選手権大会、
　　　全日本学生選手権大会など）の推薦選手を入れることによって、実績も考慮されることになる。

Step 5
　ナショナルチームは、必要に応じて全日本U-14、U-17、U-20より召集することができる。またその選手が代表に漏れても、各カテゴリーに戻り強化を図る。（----の矢印）
　図のように、優秀な人材を早期に発掘し（U-14）、将来を見据えて育成（U-17）、国際大会で戦えるよう強化する（U-20）。そして、日本代表として戦っていけるのが理想といえる。（横の矢印）

　全日本の各カテゴリーの強化合宿を、年間3～4回（3泊4日）程度、実施したいと考えている。そのうち1回は、全カテゴリーの合同合宿を行い、選手間同士の技術面・精神面の向上を図り、また指導者間においては、連絡協議会を実施し、一貫指導システムの運用の効率向上を図りたいと考えている。

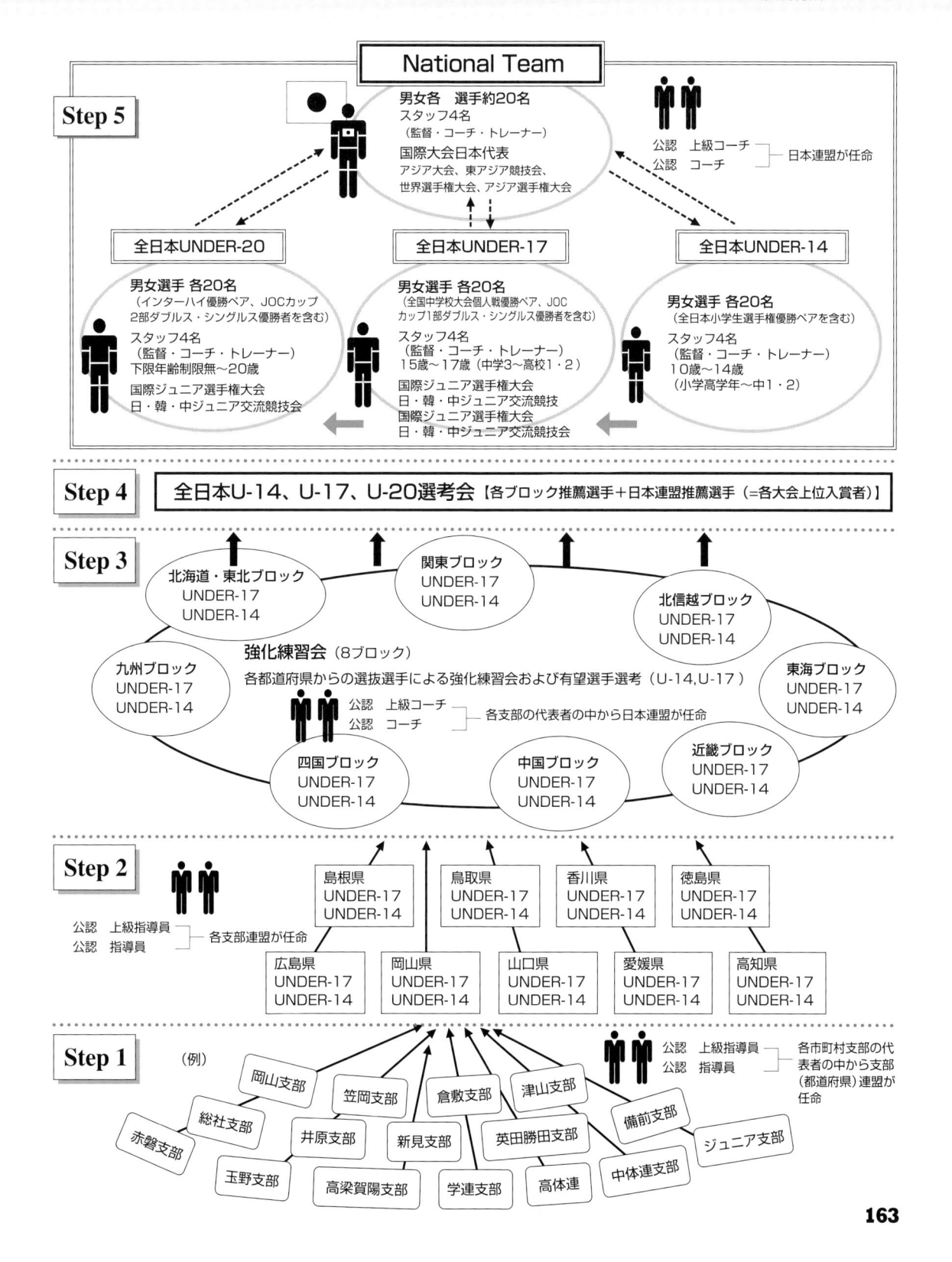

◎競技者育成プログラム

Step 5

National Team
男女各 選手約20名
スタッフ4名
（監督・コーチ・トレーナー）
国際大会日本代表
アジア大会、東アジア競技会、
世界選手権大会、アジア選手権大会

公認 上級コーチ ┐ 日本連盟が任命
公認 コーチ ┘

全日本UNDER-20
男女選手 各20名
（インターハイ優勝ペア、JOCカップ2部ダブルス・シングルス優勝者を含む）
スタッフ4名
（監督・コーチ・トレーナー）
下限年齢制限無～20歳
国際ジュニア選手権大会
日・韓・中ジュニア交流競技会

全日本UNDER-17
男女選手 各20名
（全国中学校大会個人戦優勝ペア、JOCカップ1部ダブルス・シングルス優勝者を含む）
スタッフ4名
（監督・コーチ・トレーナー）
15歳～17歳（中学3～高校1・2）
国際ジュニア選手権大会
日・韓・中ジュニア交流競技会

全日本UNDER-14
男女選手 各20名
（全日本小学生選手権優勝ペアを含む）
スタッフ4名
（監督・コーチ・トレーナー）
10歳～14歳
（小学高学年～中1・2）

Step 4
全日本U-14、U-17、U-20選考会【各ブロック推薦選手＋日本連盟推薦選手（＝各大会上位入賞者）】

Step 3

強化練習会（8ブロック）
各都道府県からの選抜選手による強化練習会および有望選手選考（U-14,U-17）

- 北海道・東北ブロック UNDER-17 UNDER-14
- 関東ブロック UNDER-17 UNDER-14
- 北信越ブロック UNDER-17 UNDER-14
- 東海ブロック UNDER-17 UNDER-14
- 近畿ブロック UNDER-17 UNDER-14
- 中国ブロック UNDER-17 UNDER-14
- 四国ブロック UNDER-17 UNDER-14
- 九州ブロック UNDER-17 UNDER-14

公認 上級コーチ ┐ 各支部の代表者の中から日本連盟が任命
公認 コーチ ┘

Step 2

公認 上級指導員 ┐ 各支部連盟が任命
公認 指導員 ┘

- 島根県 UNDER-17 UNDER-14
- 鳥取県 UNDER-17 UNDER-14
- 香川県 UNDER-17 UNDER-14
- 徳島県 UNDER-17 UNDER-14
- 広島県 UNDER-17 UNDER-14
- 岡山県 UNDER-17 UNDER-14
- 山口県 UNDER-17 UNDER-14
- 愛媛県 UNDER-17 UNDER-14
- 高知県 UNDER-17 UNDER-14

Step 1

（例）

岡山支部、笠岡支部、倉敷支部、津山支部、総社支部、井原支部、新見支部、英田勝田支部、備前支部、赤磐支部、玉野支部、高梁賀陽支部、学連支部、高体連、中体連支部、ジュニア支部

公認 上級指導員 ┐ 各市町村支部の代表者の中から支部（都道府県）連盟が任命
公認 指導員 ┘

Appendix：付録

2 発達段階に応じた指導育成プログラム

年齢	学校		区分	身体・運動能力の課題	技術と戦術の課題
5	小学校		プレ・ゴールデンエイジ	多くの異なったスポーツを経験することによって、基本的な運動能力を身につけさせる。 適切な"ことば"と出会わせることと総合的コーディネーション能力を向上させ、目的に即した運動ができるようにさせる。 多くの球技に馴染ませ、ボールの予測と自分の動きをマッチングさせる。 （1週間約2〜2.5時間）	やわらかいボールの特徴を肌で感じさせ、ラケットを自由に操作できるようにさせる。 ボールの回転を理解させる。 運動全体にソフトテニスの特性を表現できるようにさせる。 相手と協力し合ってラリーを続ける習慣を身につけさせる。 動きの中でバランスよくしっかり構えて打てるようにさせる。 目標を定めて、狙ったところに打てるようにさせる。 （1週間約2〜2.5時間）
6		1			
7		2			
8		3			
9		4			
10		5			
11	中学校	6	UNDER-14	バランスのとれた動きが可能になる時期で、順次パワーを用いた運動を反復させる。 ソフトテニスに即したコーディネーション能力の向上を考え、低い負荷レベルの中で動きの連動性を高めさせる。 （1週間約3〜4時間）	基礎技術を段階的に習得させる。 基本的なポジションの考え方を理解させる。 意図を持った戦術を心がけさせる。 （1週間約5〜6時間）
12		1			
13		2			
14		3			
15	高校	1	UNDER-17	筋力、持久力を鍛えゲームを通して動きのスピードを維持させる。 ゲーム場面に必要なコーディネーション能力の向上を考え、リズムとバランスで体重移動やボールの弾みの中での動きの連動性を高めさせる。 （1週間約5〜8時間）	パワーやスピードを生かした技術・戦術を習得させる。 技能を高度に高めるとともにゲームの中で発揮できるためのポジションや間合いを意識したモーション等の動きを習得させる。 （1週間10〜12時間）
16		2			
17		3			
18	大学	1	UNDER-20	一般的な体力・運動能力の全体的なアップを図らせる。 筋力や持久力等の個々の体力要素の向上を基本としつつ、ソフトテニスにおいて最高のパフォーマンスを発揮できるコーディネーション能力を身につけさせる。 俊敏な動きの重視 （1週間約5〜8時間）	自分のプレースタイルを作り上げながら、同じフォームから相手に予測させない多様なストロークをくり出せるようにさせる。 ゲームの流れに沿って、柔軟に戦術の変更ができるようにさせる。 （1週間10〜12時間）
19		2			
20		3			

◎発達段階に応じた指導育成プログラム

ゲーム作りの課題	コーチングの課題	心理面の課題	栄養面の課題
ダブルスのパートナーや仲間達と協力して楽しく活動できるようにさせる。 エリアを制限したミニ・ゲーム形式等で自由なゲームを遊び感覚でできるようにさせる。	スポーツに参加することの面白さを味わわせる。 個人の個性を尊重させる。 基礎を重視して指導する。 スポーツのよき習慣に馴染ませる。 自主的な行動選択ができるようにさせる。 型にはめない指導をする。 常に遊び感覚を重視した指導を心がける。	興味・関心を持たせ、自ら楽しむ態度を養わせる。 自分で表現し、創造する習慣や能力を養わせる。 自分で考え、理解しようとする習慣を身につけさせる。 仲間と共感できるような感受性や思いやりを育てる。	基本的な望ましい食習慣の基礎を築かせる。 好き嫌いをせず、3食きちんと食べるように習慣づけさせる。 菓子や清涼飲料水の多量摂取は控えるよう心がけさせる。
ボールの長短・高低・緩急を意識したゲームを心がけさせる。 セオリーを認識して、自分達が打ったボールに対する相手の打球の予測や、相手の打球に対して攻めか守りの判断などができるようにさせる。 自立してゲーム展開を考えられるようにさせる。	観察力を身につけさせ、良いプレーやゲームを見せることによって、いいイメージをつくらせ、また選手としての優れた態度や行動を身につけさせる。 長期的な展望に立って、鍛えすぎない指導や教えすぎない指導を心がける。	適切な目標を設定し、計画的にやる気をもって取り組ませる。 審判の判定や相手に対して望ましいマナーや行動規範やスポーツマンシップを身につけさせる。	たんぱく質の必要量が成人と同じくらいになるため、おかずの量もほぼ大人と同量くらいとする。 特に、骨の発達のためのカルシウムの摂取を十分にとるよう心がけさせる。
パワーやスピードに加えて技能の高度化を図るとともに合理的な打法や動き方とともに、コンビネーションプレーを習得させる。	結果よりも内容や過程を重視し、目標と結果のずれを分析し、反省材料とさせる。 分析力を身につけさせ、自分のゲームスタイルを主体的に考えさせる。	感情コントロールのしかたを身につけさせ、集中力を発揮できるようにさせる。 ダブルス、あるいはチームにおける協調性、コンビネーションやチームワークを身につけさせる。	トレーニングにおける食事の重要性を理解させ、選手として栄養摂取の重要性を認識させる。 選手個々の状況、練習やトレーニング量に見合った栄養素別の摂取の確保を心がけさせる。
自分よりもう一つ上のランクのプレーを目標にさせる。 ゲームスタイルを確立させる。	指導者は選手が完全に自立できるような指導を心がける。 あくまで選手が主で指導者はサポーター役であることを心しておく。 競技者の社会的責任についても毅然とした態度を示す。	粘り抜く強さや闘争心を身につけさせる。 肯定的思考、自信、メンタルタフネスを身につけさせる。 リーダーシップ能力を高め人間的な成長を助長させる。	目的別、時期別の食事調整法を習得し、良質たんぱく質の摂取に配慮し、全体の栄養バランスを整えさせる。 高いパフォーマンスを発揮するためにふさわしい食事調整法を確立させる。 試合前・中・後の具体的な栄養素や水分等の摂取方法を実践させる。

指導方法の詳細については、新版ソフトテニス指導教本・コーチ教本を参考にする。

4月2日現在の年齢 UNDER-14　（　〜14歳）…小学生（4・5・6年生）〜中学（1・2年生）
　　　　　　　　　UNDER-17　（15歳〜17歳）…中学（3年生）〜高校（1・2年生）
　　　　　　　　　UNDER-20　（下限年齢制限を設けない〜20歳）…中学・高校・大学・実業団・社会人

[MEMO]

ソフトテニス指導マニュアル［ジュニア編］／編集委員兼執筆者

［編集委員兼執筆者］ ※印は編集委員長

※**石井　源信**（いしい　もとのぶ）
東京工業大学教授
東京工業大学ソフトテニス部総監督
日本ソフトテニス連盟強化委員会医科学部会長

西田　豊明（にしだ　とよあき）
日本体育大学教授
日本体育大学ソフトテニス部部長
日本ソフトテニス連盟元理事・強化委員会委員長

斉藤　孝弘（さいとう　たかひろ）
日本ソフトテニス連盟元強化委員会委員長・元指導委員会委員長
明治大学ソフトテニス部監督

石川　孝（いしかわ　たかし）
日本ソフトテニス連盟元指導委員会委員
元女子ナショナルチーム監督

［編集協力］

日本ソフトテニス連盟競技者育成プログラム推進委員会
日本体育大学ソフトテニス部　東京工業大学ソフトテニス部
藤沢市浜砂ソフトテニスクラブ　横浜Peace Soft Tennis Club
日大藤沢高校ソフトテニス部　綾瀬市立春日台中学校ソフトテニス部
井田　博史（東京工業大学大学院社会理工学研究科特別研究員）
福原　和伸（東京工業大学大学院社会理工学研究科特別研究員）

［写真撮影］
フォトキシモト

［カバーおよびカット写真提供］
ベースボール・マガジン社『ソフトテニス・マガジン』

ソフトテニス指導マニュアル［ジュニア編］
©Japan Soft Tennis Association 2006　　　　NDC783　165p　24cm

初版第1刷──2006年9月20日
　　第3刷──2011年11月20日

編著者────財団法人日本ソフトテニス連盟
発行者────鈴木一行
発行所────株式会社　大修館書店
　　　　　　〒113-8541　東京都文京区湯島2-1-1
　　　　　　電話03-3868-2651（販売部）　03-3868-2297（編集部）
　　　　　　振替00190-7-40504
　　　　　　［出版情報］http://www.taishukan.co.jp

装丁・本文デザイン・DTP────齊藤和義
印　　刷────壯光舎印刷
製　　本────三水舎

ISBN 978-4-469-26621-4　Printed in Japan
Ⓡ本書のコピー，スキャン，デジタル化等の無断複製は著作権法上での例外を除き禁じられています。本書を代行業者等の第三者に依頼してスキャンやデジタル化することは，たとえ個人や家庭内での利用であっても著作権法上認められておりません。